스마트폰에서 콜롬북스 어플 설치하고 회원가입 후 MP3 파일을 다운받아 바로 듣자!!

❶ 앱스토어 또는 구글플레이어 스토어에서 콜롬북스 어플 다운로드 후 설치한다.
❷ 회원가입 후 검색창에 도서 제목을 정확히 입력하거나 아래의 QR코드를 스캔한다.
❸ 독학중국어 회화첫걸음 MP3 파일을 다운로드 해서 듣는다.
❹ 그외 더 다양한 서비스 이용가능

스마트폰에서 콜롬북스 어플을 설치한 후 QR코드를 스캔하면 MP3 파일을 바로 다운로드 할 수 있습니다.

학원 가지 않고 혼자 배우는

독학중국어 회화첫걸음

엮은이 **오찬미**

한글발음·성조표기 **윤원대**

이 책의 특징 알아보기

▶ 단계별로 엮은 재미있는 회화는 중국어를 쉽게 접할 수 있도록 도와주며 자연스럽게 중국어 회화에 적응할 수 있도록 도와준다. 또한 MP3 파일의 정확한 원어민 발음과 정확한 한글 발음 성조를 따라 하다 보면 어느새 늘어난 중국어 실력을 느낄 수 있을 것이다.

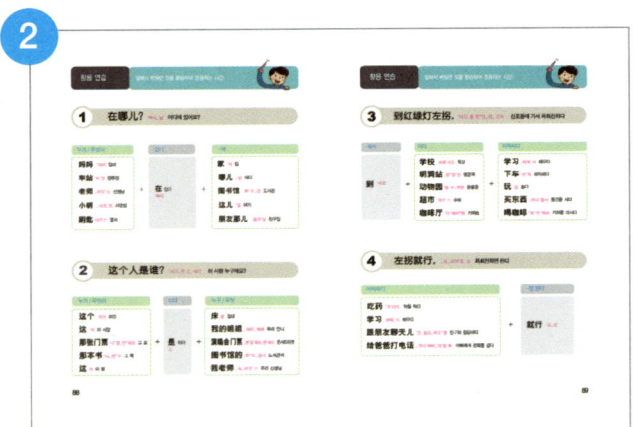

▶ 회화 속 문장을 기초로 다양한 어휘를 익히고 만들어 볼 수 있는 코너로 초보자들에게는 아주 유용한 코스이다. 여기에 있는 문장 말고도 더 많은 문장을 만들어 보자. 실력을 높이기 위해서는 어휘력을 높이는 것이 가장 중요하다.

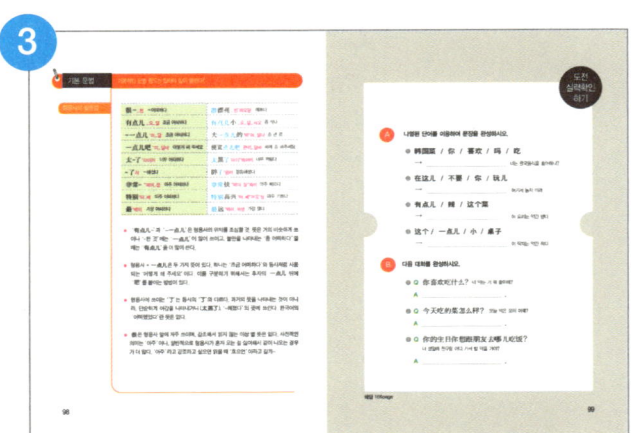

▶ 이젠 중요한 문법을 알아볼 차례! 단어만큼이나 문법이 중요하다는 것은 이미 모두 알고 있을 것이다. 문법형태를 알아야 회화도 가능하며 제대로 된 문장으로 처음부터 익히는 것이 중요 포인트. 문법까지 완벽하게 익혔다면 연습문제를 통해서 그동안 쌓인 실력을 테스트 해 볼 것!

④

음의 고저와 장단

1성	고음 → 고음, 장음
2성	저음 → 고음, 단음
3성	저음 → 고음, 장음
4성	고음 → 저음, 단음
경성	중음, 단음

▶ 각 문장 한글발음표기에 예가만의 특수 성조를 표시하여 중국 현지인처럼 발음할 수 있도록 하였다. 옆의 표와 본 책에 수록된 Chapter 1 성조에서 1성부터 경성까지 모두 익힌 다음 본문과 원어민이 녹음한 CD를 들으면서 연습해보자.

nǐhǎo　　wǒjiào jīn zhèng hào　nín zěn me chēng hu
你好！我叫金正浩。您怎么称呼？
⁻니⁻하오　⁻워'자오 ⁺진'정⁻하오　⁻닌⁺전머⁻청후 ★
안녕하세요, 전 김정호라고 합니다. 성함이 어떻게 되세요?

⑤

▶ 단어와 회화는 바늘과 실의 관계. 회화를 잘 하기 위해서는 일단 단어를 많이 아는것이 포인트! 우리가 많이 사용하는 기본단어를 시작으로 매일 조금의 분량으로 어려운 단어 암기에도 도전해 보도록 하자.

⑥

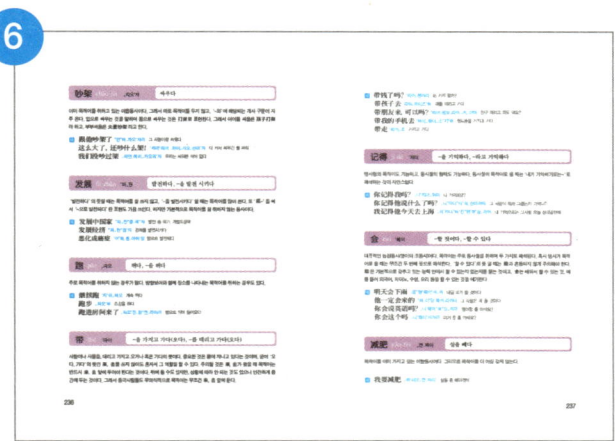

▶ 동사를 잡아야 회화를 정복할 수 있을 정도로 동사의 활용은 회화에서 제일 중요하다. 중요 동사 119자를 심도있게 수록하여 중국어 정복에 tip을 제공하였다.

CONTENTS

이 책의 특징 알아보기 2

Chapter 1
성조
01 노래 같은 중국 리듬 익히기 8
02 성조 섞어서 리듬 만들기(한국어 발음 묘사) 12

Chapter 2
운모
01 운모의 정확한 소리 14

Chapter 3
성모
01 성모의 정확한 소리 20
02 유사음 구분 25

Chapter 4
중국어 회화

UNIT 01 첫만남
회화 30 / 활용연습 32 / 기본문법 34 / 연습문제 35 / 10번 따라읽기 36

UNIT 02 재회
회화 38 / 활용연습 40 / 기본문법 42 / 연습문제 43 / 10번 따라읽기 44

UNIT 03 소개
회화 46 / 활용연습 48 / 기본문법 50 / 연습문제 51 / 10번 따라읽기 52

UNIT 04 숫자
회화 54 / 활용연습 56 / 기본문법 58 / 연습문제 59 / 10번 따라읽기 60

UNIT 05 날짜와 시간
회화 62 / 활용연습 64 / 기본문법 66 / 연습문제 67 / 10번 따라읽기 68

UNIT 06 의문문과 과거형
회화 70 / 활용연습 72 / 기본문법 74 / 연습문제 75 / 10번 따라읽기 76

UNIT 07 시간의 양
회화 78 / 활용연습 80 / 기본문법 82 / 연습문제 83 / 10번 따라읽기 84

UNIT 08 지시대명사
회화 86 / 활용연습 88 / 기본문법 90 / 연습문제 91 / 10번 따라읽기 92

UNIT 09 형용사와 부사
회화 94 / 활용연습 96 / 기본문법 98 / 연습문제 99 / 10번 따라읽기 100

UNIT 10 방향
회화 102 / 활용연습 104 / 기본문법 106 / 연습문제 107 / 10번 따라읽기 108

UNIT 11 ~한 적이 있다
회화 110 / 활용연습 112 / 기본문법 114 / 연습문제 115 / 10번 따라읽기 116

UNIT 12 동량사
회화 118 / 활용연습 120 / 기본문법 122 / 연습문제 123 / 10번 따라읽기 124

UNIT 13 비교
회화 126 / 활용연습 128 / 기본문법 130 / 연습문제 131 / 10번 따라읽기 132

UNIT 14 진행형
회화 134 / 활용연습 136 / 기본문법 138 / 연습문제 139 / 10번 따라읽기 140

UNIT 15 정도보어
회화 142 / 활용연습 144 / 기본문법 146 / 연습문제 147 / 10번 따라읽기 148

UNIT 16 결과보어와 가능보어

회화 150 / 활용연습 152 / 기본문법 153 / 연습문제 155 / 10번 따라읽기 156

UNIT 17 마무리

회화 158 / 활용연습 160 / 기본문법 162 / 연습문제 163 / 10번 따라읽기 164

UNIT 1~ UNIT 17 연습문제 답안   165

Chapter 5

기본 단어

얼굴 170 / 신체 171 / 가족 172 / 침실 174 / 거실 176 / 식당 177 /
부엌 178 / 패스트 푸드 180 / 사무실 181 / 탈것 182 / 자연 184 /
도시 186 / 집 188 / 옷 190 / 야채 192 / 과일 194 / 꽃 196 /
동물 198 / 조류 200 / 스포츠 202 / 직업 204 / 질병 206 / 색 207

Chapter 6

동사의 활용   210

Chapter 1

성조

중국어에 있어서 성조는 자음이나 모음보다 더 중요한 역할을 한다. 성조란 중국어 발음의 고저와 장단을 뜻한다. 하지만 성조가 생소한 한국인들은 오로지 알파벳으로 쓰여진 병음에만 신경을 써서 발음하며 책이랑 똑같이 발음해도 중국 사람들은 전혀 알아 듣지 못하는 일이 많다. 그것은 성조가 만들어내는 리듬이 틀렸기 때문이다. 노래라고 생각하고 여러 번 익히면 못할 것도 없으므로 노래 부르듯 중국어를 익혀 보자!

01 노래 같은 중국어 리듬

중국어에는 음의 고저와 장단에 따른 네 개의 기본 성조, 1성, 2성, 3성, 4성이 있고 약하게 발음하는 경성이 있다.

● 1성(ˉ)

소리 이해
1성은 중국어에서 기둥 같은 역할을 해 준다. 언제 어디서든, 길든 짧든 똑같은 높이의 소리가 나야 한다. 1성을 잡아야 모든 성조가 자리를 잡을 수 있다.

발음 요령
한국인들에게만 주는 신기한 팁 : 산토끼 토끼야 어디를 가느냐 노래에서 첫음 '산~'에 해당하는 음이 중간이든 앞이든 끝이든 나와 줘야 한다.

성조 표기
1성은 고음에서 고음으로 길게 발음하므로 발음 왼쪽 위에 점 2개를 찍는다.

"이	"싼	"치	"빠	"톈	"즈	"산	"카페이	"진톈	"찬팅
一	三	七	八	天	只	山	咖啡	今天	餐厅
일	삼	칠	팔	하늘	마리	산	커피	오늘	식당

● 2성(ˊ)

소리 이해
2성은 한국 사람들에게는 쉽지 않은 리듬이다. 중국 여자들 말이 여성스러워 보이고, 중국 식당이 한국 식당보다 더 시끄러운 이유는 바로 이 음 때문. 중국 문장에서 굉장히 중요한 소리다. 특히 이 소리를 내는 단어가 그 문장에서 핵심 내용일 경우 정확하고 길게 높여 줘야 한다. 이 소리가 나야 중국말의 리듬을 배울 수 있다.

발음 요령

이 소리를 내는 요령은 도, 레, 미, 파, 솔, 라, 시~ 시에서 한 옥타브 정도 위로 올린다. 처음에는 이상한 소리가 나겠지만 자꾸 연습하면 자연스럽게 올라간다. 예를 들어 '붉다'는 뜻의 소리가 '홍'이지만 2성이다. 그래서 소리를 올리기 편하게, '호~~~옹'이라고 읽어 준다. 위로 쭈우우욱. 한국어에서 비슷한 리듬은, 아주 화났을 때의 '뭐어?'와 같다고 할 수 있다.

성조 표기

2성은 저음에서 고음으로 짧게 발음하므로 발음 왼쪽 아래에 점 1개를 찍는다.

ˌ스	ˌ라이	ˌ바이	ˌ핑	ˌ토	ˌ쵸	ˌ먼	ˌ위엔
十	来	白	瓶	头	球	门	元
10	오다	희다	병	머리	공	문	원

● 3성(ˇ)

3성은 성조 변화가 있는 음으로, 온 3성, 반 3성, 2성으로 변화된다.

❶ 온 3성

소리 이해

3성은 중국에서 참 고달픈 성조로 자기 소리가 있는데도 자기 소리대로 읽히는 경우가 거의 없다. 바로 '3성을 3성으로 읽지 못하는' 비운의 성조다. 그 중 원래의 자기 소리는 '온 3성'이라 부르며, 이 경우는 혼자만 있을 때, 그리고 제일 끝에 왔을 때이다. 다른 음들이 보통 높은 데 비해, 낮은 음을 내므로, 쉬어가는 느낌으로 2성과 구분해서 읽어 줘야 한다.

발음 요령

온 3성은 '으~흠, 그래서?'에서 '흠'을 좀 올려서 읽는 코미디언처럼 '으~흠'에 해당되는 리듬으로 한 번 꺾어져야 한다. 절대로 첫 음이 세지면 안되며 처음은 아주 낮게 시작해야 한다.

성조 표기

3성은 저음에서 고음으로 길게 발음하므로 발음 왼쪽 아래에 점 2개를 찍는다.

ˬ우	ˬ죠	ˬ하오	ˬ니	ˬ워	ˬ다
五	九	好	你	我	打
5	9	좋다	너	나	때리다

❷ 반 3성

발음 요령

온 3성보다 더 많이 쓰이는 3성은 바로 반 3성으로 뒷말의 성조에 따라 바뀐다. 1성, 2성, 4성 그리고 경성 앞에 있을 때 내는 가장 낮은 '도'를 짧게 발음하면 된다. 예를 들어 밑에 '하오츠'란 말이 있으면 '하오'를 낮은음으로 발음해서, '음츠'라고 내게 하는 것. 그 리듬을 아래 예에 대입하면 된다. 첫 음이 높아지면 절대 절대 안되므로 주의하자.

ˬ베이˝징	ˬ량˝첸	ˬ베이ˏ먼	ˬ커′러	ˬ량거
北京	两千	北门	可乐	两个
베이징	2천	북문	콜라	2개

❸ 2성으로 바뀌는 3성

'3성+3성'은 '2성+3성'로 바뀐다.

ˬ니ˬ하오	ˬ쥐ˬ과이	ˬ커ˬ이	ˬ우ˬ바이	ˬ죠ˬ바이
你好	左拐	可以	五百	九百
안녕	좌회전	OK	500	900

• 4성(ˋ)

소리 이해
중국어에서 의미상 가장 중요한 역할을 하는 성조이다. 약간의 액센트 역할을 해서, 중요한 단어에 4성이 있을 때 반드시 정확하게 읽어줘야 한다. 한국 사람들은 대부분 발음을 하다가 말아버리기 때문에 중국 사람들은 전혀 4성으로 이해를 못하기 마련. 63층 빌딩 꼭대기에서 수박 떨어지는 소리 '퍼~억'이게 바로 4성의 소리. 바닥까치 쿠웅하고 떨어지는 소리로 중간에 절대로 마음 약해지면 안된다.

발음 요령
친구에게 멋진 여자를 소개해 달라고 해서 만나러 갔는데, 영 아닐 때 화가 나서 전화를 한다. "야!"라고 세게 읽어야 하는 게 포인트가 아니라 끝까지 읽어야 한다.

성조 표기
4성은 고음에서 저음으로 짧게 발음하므로 발음 왼쪽 위에 점 1개를 찍는다.

'알	'쓰	'료	'취	'쭤	'하오	'따	'루	'샹	'샤
二	四	六	去	坐	号	大	路	上	下
2	4	6	가다	앉다	일	크다	길	위	아래

• 경성

소리 이해
경성은 이름만큼이나 슬픈 소리로 목이 길어서 슬픈 짐승이 아니고, 짧고 약해서 슬픈 성조이다. 자기의 소리가 없고 앞 소리에 따라 높낮이가 정해진다. 앞의 성조를 끝까지 읽다가 힘이 빠지면 툭 하고 내뱉는 소리이다.

발음 요령
혼자 오는 경우는 없으니, 앞에 있는 성조를 최대한 길고 정확하게 발음 해 보자. 그리고 나서 투욱 떨어뜨리면 된다. 이건 대표적인 단어를 외워서 그 리듬을 익히는 방법이 제일 좋다.

성조 표기

경성은 중음으로 짧게 발음하므로 점을 찍지 않는다.

‟마마	‟총밍	ˏ라이러	ˏ하이즈	‟하오더	‟워더	'ᅟ빠바	'ᅟ료거
妈妈	聪明	来了	孩子	好的	我的	爸爸	六个
엄마	똑똑하다	오다	아이	오케이	내꺼	아빠	6개

02 성조 섞어서 리듬 만들기 (한국어 발음 묘사)

	1성(−)	2성(ˊ)	3성(ˇ)	4성(ˋ)	경성
1성	‟카ˮ페이	‟종ˏ궈	‟선ˮ티	‟까오'싱	‟츠 바
	‟텐ˮ텐	‟깡ˏ친	‟카이ˮ스	‟콩'치	‟이푸
	‟추ˮ파	‟꽁ˏ위엔	‟빤ˮ장	‟쉬'화	‟쇼시
2성	ˏ제ˮ훈	ˏ한ˏ궈	ˏ요ˮ용	ˏ쉬에'샤오	ˏ펑이
	ˏ궈ˮ쟈	ˏ쉬에ˏ시	ˏ뇨ˮ나이	ˏ치'꽈이	ˏ예예
	ˏ피ˮ푸	ˏ인ˏ항	ˏ피ˮ죠	ˏ메이'설	ˏ펑요
3성	ˮ소ˮ지	ˮ다ˏ저	ˮ헌ˮ하오	ˮ하오'칸	ˮ제제
	ˮ메이ˮ텐	ˮ나이ˏ요	ˮ커ˮ코	ˮ커'러	ˮ나이 나이
	ˮ카오ˮ야	ˮ메이ˏ궈	ˮ줴ˮ과이	ˮ쉬에'뻬	ˮ하오더
4성	'왕ˮ징	'따ˏ쉬에	'한ˮ위	'뎬'화	'메이 메이
	'뎬ˮ티	'원ˏ티	'상ˮ하이	'한'즈	'콰이 즈
	'상ˮ빤	'상ˏ쉬에	'뎬ˏ나오	'똥'우	'셰셰

Chapter 2

운모

중국 운모는 성조와 함께 중국어에서 뜻을 구별하는 가장 중요한 두 요소 중 하나다. 따라서 발음이 좋고 나쁨은 성조와 운모를 얼마나 정확하게 하느냐에 달린 것. 운모는 하나만 주의하자. 절대 축약하지 말고 길게 길게 늘릴 것!!!

01 운모의 정확한 소리

❶ 단운모

a	아	가장 보편적인 모음인 '아'의 소리
o	오어	혼자 쓰일 때 '오'라고 읽지 않도록 주의. 반드시 '오어' 발음이 나야 함
e	어	혼자 쓰일 때, 경성이 아니면 반드시 '으어'로 읽도록
i	이	가장 보편적인 모음인 '이'의 소리
-i	으	자음이 zh, ch, sh, r, z, c, s일 때는 '으'로 발음
u	우	한국어의 '우'와 같음
ü	위	입술을 둥글게 만들어 입술 모양이 변하지 않고 '위'라고 발음

❷ 복운모

- a로 시작하는 운모

a	아	a 아	ba 빠	fa 파	da 따	ka 카	sha 사
ao	아오	ao 아오	bao 빠오	dao 따오	gao 까오	zao 자오	
ai	아이	ai 아이	bai 바이	pai 파이	mai 마이	tai 타이	kai 카이	chai 차이
an	안	an 안	ban 빤	fan 판	man 만	dan 딴	tan 탄	han 한
ang	앙	ang 앙	bang 빵	lang 랑	rang 랑	gang 깡		

• o로 시작하는 운모

o	오어	bo 뽀어	po 포어	mo 모어			
ou	오우 오	ouzhou 오조	mou 모	fou 포	gou 고	kou 코	chou 초
ong	옹	dong 똥	tong 통	long 롱	zhong 종	gong 꽁	

* o는 단운모이지만 여러 음이 섞여 있어 습관에 따라 다르게 발음한다.
  ou는 '오우'보다 '오오'에 가깝게 발음한다.

• e로 시작하는 운모

e	어	de 더	le 러	ge 꺼	ke 커	he 허	ce 처
ei	에이	ei 에이	bei 베이	mei 메이	fei 페이	dei 데이	zei 제이
en	언	en 언	ben 뻔	men 먼	gen 껀	hen 헌	zhen 전
eng	엉	meng 멍	leng 렁	geng 껑	heng 헝	zheng 정	reng 렁
er	얼, 알	er 알					

* er은 '얼'보다 입을 더 크게 벌려서 '알'에 가깝게 발음한다.

15

- i로 시작하는 운모(성모가 없을 때 i → yi)

i	이	yi 이	bi 비	pi 피	mi 미	di 띠	ti 티	ji 지	qi 치	xi 씨
ia	야	ya 야	jia 쟈	qia 챠	xia 샤					
ie	예	ye 예	die 데	tie 테	nie 네	lie 레	jie 졔	qie 쳬	xie 셰	
iou (iu)	요	you 요	diu 됴	niu 뇨	jiu 죠	qiu 쵸	xiu 쇼	miu 묘		
iao	야오	yao 야오	biao 뱌오	niao 냐오	jiao 쟈오	qiao 챠오	xiao 샤오			
in	인	yin 인	nin 닌	lin 린	min 민	bin 빈	pin 핀	xin 신	jin 진	qin 친
ian	옌	yan 옌	mian 몐	tian 톈	jian 졘	qian 쳰				
ing	잉	ying 잉	ping 핑	ting 팅	ling 링	jing 징	xing 싱			
iang	양	yang 양	jiang 쟝	qiang 챵	xiang 샹					
iong	용	yong 용	jiong 죵	qiong 츙	xiong 슝					

* 앞에 성모 없이 시작할 때 i 는 y로 표기한다.
* i 로 시작하는 운모는 확실하게 '이' 발음으로 시작한다.

- u로 시작하는 운모(성모가 없을 때 u → wu)

u	우	wu 우	bu 뿌	lu 루	ku 쿠	zu 주	
ua	와	wa 와	gua 과	kua 콰	hua 화	zhua 좌	
uo	워	wo 워	luo 뤄	guo 궈	shuo 쉬	zhuo 줘	
uei	웨이	wei 웨이					
ui	웨이	dui 뒈이	tui 퉤이	gui 궤이	hui 훼이	zui 줴이	chui 췌이
uai	와이	wai 와이	guai 과이	kuai 콰이	huai 화이	zhuai 주아이	
uen	원	wen 원					
un	원, 운	dun 둔	tun 툰	lun 룬	gun 군	kun 쿤	hun 훈	chun 춘
uang	왕	wang 왕	guang 광	kuang 쾅	chuang 창	shuang 상	

* 주의할 점 : 성모가 없을 때 u는 wu로 표기한다.
* u로 시작하는 운모는 확실하게 '우' 발음으로 시작 한다.
* uei는 성모가 없으면 wei, 성모가 있으면 ui로 표기한다.
* uen은 성모가 없으면 wen, 성모가 있으면 un으로 표기한다.

- ü로 시작되는 운모(성모가 없을 때 ü → yu)

ü	위	yu 위	lü 뤼	nü 뉘	ju 쥐	qu 취	xu 쉬
üe	위에	yue 위에	lüe 뤼에	jue 쥐에	xue 쉬에	que 취에	
ün	윈	yun 윈	jun 쥔	qun 췬	xun 쉰		
üan	위엔	yuan 위엔	juan 쥐엔	quan 취엔	xuan 쉬엔		

• 성모가 없을 경우 ü는 yu로 표기하고 성모가 j, q, x 일 때는 -u로 표기한다.

병음 읽을 때 주의할 점

- **a의 발음** ➡ an, iang, uan, uang에서는 '아', ian, üan에서는 '에'
- **o의 발음** ➡ o 단독은 '오어', ao, io, ou에서는 '오', uo에서는 '어'
- **e의 발음** ➡ en, eng에서는 '으어', ei, ie에서는 '에'
- **i의 발음** ➡ j, q, x와 타성모 뒤에서는 '이'로 발음하고 z, c, s, zh, ch, sh, r 뒤에서는 '으'로 발음
- **u의 표기법** ➡ 성모가 있는 상태에서의 uei, uen은 각각 ui, un으로 표기하고, '에'의 음을 약간 넣어줌. 하지만 지금 갈수록 '에'의 발음이 약해지고 있는 실정. 위의 발음에 따라 익히면 됨
- **ü의 표기법** ➡ j, q, x 뒤에서는 두 점을 생략하여 u로 표기하고 '위'로 발음

Chapter 3

성모

중국 성모는 기본적인 한국의 자음과 거의 유사하지만, 몇 가지 틀린 게 있다. 한국의 자음과 비교하면서, 중국인들의 실제 발음에 가까운 발음을 흉내 내자. 정확한 발음을 내기 위해서는, 한국어를 할 때와의 틀린 혀와 성대의 근육을 훈련시켜야 하므로 서두르지 말고 일주일 정도 시간을 갖고 꾸준히 연습해 보자.

01 성모의 정확한 소리

성모 한중 비교

한글	병음	설명
ㄱ	g	2성, 3성, 경성일 때
ㄲ	g	1성, 4성일 때
ㄴ	n	한국 음과 동일
ㄷ	d	2성, 3성, 경성일 때
ㄸ	d	1성, 4성일 때
ㄹ	l, r	l는 t와 같은 위치
		r은 혀를 천정에 대지 않고 굴릴 것
ㅁ	m	
ㅂ	b	2성, 3성, 경성일 때
ㅃ	b	1성, 4성일 때
ㅅ	s, sh	s가 2성, 3성, 경성일 때
ㅆ	s, x	s가 1성, 4성일 때
ㅈ	z, zh, j	z가 2성, 3성, 경성일 때
ㅉ	z	1성, 4성일 때
ㅊ	c, ch, q	
ㅋ	k	
ㅌ	t	
ㅍ	p, f	
ㅎ	h	

b p m f

- 한국어의 ㅂ(ㅃ), ㅍ, ㅁ, ㅍ에 해당되는 음
- b, p, m는 두 입술이 붙었다가 떨어지면서 나는 음
- p는 한국어 보다 훨씬 강하게, 침이 사방으로 튀기게 발음. 그렇지 않으면 'ㅃ, ㅍ, fㅍ' 이 세 발음을 구분하기 힘들다.
- f는 우리말에 없는 발음이지만, 영어의 f를 생각하면 된다. 윗 이를 아랫 입술의 안쪽에 붙였다가 떼면서 바람이 터져 나가도록 한다. 너무 약하게 두 입술로 발음을 내면 알아 듣지 못한다.
- b는 1성과 4성일 때는 'ㅃ' 발음이 나고, 2성, 3성, 경성일 때는 'ㅂ' 발음을 낸다.

예

예

d t n l

- 한국어로는 'ㄷ(ㄸ), ㅌ, ㄴ, ㄹ'에 해당됨
- 주의할 점은 이 네 발음이 같은 위치에서 발음이 되어야 한다는 점
- 그 중 'l'은 반드시 't'와 같은 자리에서 발음이 되도록 해야 한다.
- 'l'은 혀 끝을 윗 이의 뒷면에 대고 앞으로 밀면서 발음해야 한다.

한국어의 '라이'와 중국어의 'lai'는 발음이 달라야 한다.
- 'd'는 1성과 4성일 때는 'ㄸ'로 발음하고, 2성, 3성, 경성일 때는 'ㄷ'로 발음

g k h

- 한국어로는 'ㄱ(ㄲ), ㅋ, ㅎ'에 해당됨
- 주의할 점은 한국어 보다 훨씬 더 목 안쪽에서 나야 한다는 점
- 'g'는 1성과 4성일 때는 'ㄲ'로 발음하고, 2성, 3성, 경성일 때는 'ㄱ'으로 발음

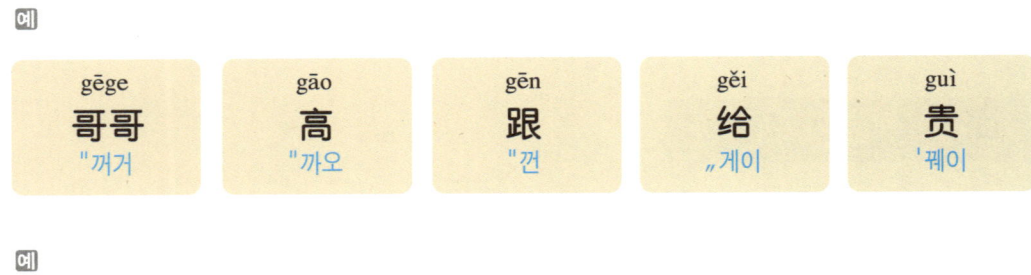

j q x

- 한국어로는 'ㅈ, ㅊ, ㅅ'에 해당됨
- 주의할 점은 ü 앞에 올 때는 u로 표기되어 있어, '쥐, 취, 쉬'라고 읽어야 한다는 것. 뒤에는 i와 ü만 올 수 있다.

예

jǐ	quán	xué
几	全	学
ˇ지	´취엔	´쉬에

z c s

- 한국어로는 'ㅈ(ㅉ), ㅊ, ㅅ'에 해당되는 음
- 아래 위 이 사이쯤에 혀를 위치, 이 사이로 바람이 새어 나가는 소리
- zi는 혀를 찰 때 나는 '쯧, 쯧, 쯔'의 소리를 내면 된다.
- z는 1성, 4성일 때는 'ㅉ'으로, 2성·3성·4성일 때는 'ㅈ'로 발음
- zh, ch, sh와 구분하는 것이 관건

예

zōng	zán	zǎo	zài	hái zi
宗	咱	早	在	孩子
ˉ종	´잔	ˇ자오	`자이	´하이즈

예

zǒu	cóng	sì
走	从	四
ˇ조	´총	`쓰

zh ch sh r

- 권설음이라 하며, 우리말의 'ㅈ, ㅊ, ㅅ, ㄹ'와 비슷하지만 다른 발음이다.
- 권설음은 혀끝을 위쪽으로 말아 올려서 혀끝과 입천장 사이에서 내는 소리이다.
- zh, ch는 혀끝을 입천장에 붙였다가 떼면서 발음하고, sh와 r은 혀끝을 입천장에 붙이지 않고 발음한다.
- 한국어에 없는 발음이므로 중국인처럼 발음할 수 있도록 많이 연습한다.

예

zhī 知 "즈   chī 吃 "츠   shì 是 '스   rì 日 '르

02 유사음 구분

● 'ㅈ, ㅊ, ㅅ' 발음

		-i	-ang	-uo	-iu	-ing
ㅈ	j	ji	-	-	jiu	jing
	z	zi	zang	zuo	-	-
	zh	zhi	zhang	zhuo	-	-
ㅊ	q	qi	-	-	qiu	qing
	c	ci	cang	cuo	-	-
	ch	chi	chang	chuo	-	-
ㅅ	x	xi	-	-	xiu	xing
	s	si	sang	suo	-	-
	sh	shi	shang	shuo	-	-

구분방법 : j, q, x와 z, c, s, zh, ch, sh 이 둘은 같은 모음을 쓰지 않는다. 그러니 z, c, s와 zh, ch, sh만 잘 구분하면 된다.

● 'l'과 'r'

	-i	-e	-ou	-un	-uo
l	li	le	lou	lun	luo
r	ri	re	rou	run	ruo

구분방법 : 'l'은 윗 이의 뒤쪽을 누르면서 나는 소리이고, 'r'은 입천정의 넓은 부분에서 혀를 뗀 채 굴리는 발음

Chapter 4

중국어회화

········ 첫만남

처음 본 중국 사람과 인사한다는 건 큰 용기를 필요로 하는 행동이다. 하지만 무슨 일이든 처음은 있기 마련이고, 그 처음은 누구에게든 힘들다. 그러니 큰 맘 먹고 입을 떼어본다. '니하오!' 하고나면 별 것도 아니다. 내 이름 얘기하고, 당신 이름이 뭐냐고 물어보고, 말이 막히면 그냥 웃는다. 스마일~

UNIT 01

중국인 왕샤오밍과 한국인 김정호가 처음 만났습니다.

A
nǐ hǎo
你好!
„니„하오
안녕하세요.

B
nǐhǎo   wǒjiào jīn zhèng hào   nín zěn me chēng hu
你好! 我叫金正浩。您怎么称呼?
„니„하오 „워'쟈오 "진'정'하오 „닌„전머"청후
안녕하세요, 전 김정호라고 합니다. 성함이 어떻게 되세요?

A
wǒjiào wáng xiǎo míng   rèn shi nǐ   hěn gāo xìng
我叫王小明。认识你, 很高兴。
„워'쟈오, 왕„샤오,밍   '런스„니   „헌"까오'싱
전 왕샤오밍이라고 해요. 만나서 반갑습니다.

new word

你 nǐ „니 너, 당신
我 wǒ „워 나
好 hǎo „하오 좋다, 안녕하세요
很 hěn „헌 아주
高兴 gāo xìng "까오'싱 기쁘다
怎么 zenme „전머 어떻게
叫 jiào '쟈오 ~라고 하다(이름)
认识 rèn shi '런스 알게 되다
称呼 chēng hu "청후 부르다, 호칭

한국인 이은혜는 오늘 친구에게서 중국어를 도와줄 张强을 소개 받았습니다

zǎo shang hǎo wǒ jiào zhāng qiáng
🅐 早上好! 我叫张强。
"자오상"하오 "워'쟈오"장,챵
안녕하세요! 저는 장챵이라고 해요.

nǐ jiào shén me míng zi
你叫什么名字?
"니'쟈오,선머,밍즈
이름이 뭐예요?

什么 shén me ,선머 무엇, 무슨
名字 míng zi ,밍즈 이름
早上 zǎo shang "자오상 아침

lǎo shī   nín hǎo wǒ jiào lǐ ēn huì
🅑 老师, 您好! 我叫李恩惠。
"라오"스 ,닌"하오 "워'쟈오"리"언'훼이
선생님, 안녕하세요! 저는 이은혜라고 합니다.

jiào wǒ qiáng
🅐 叫我强。
'쟈오"워,챵
챵이라고 불러요.

hěn gāo xìng rèn shi nǐ
很高兴认识你。
"헌"까오'싱'런스"니
만나서 반가워요.

活用 연습
앞에서 배웠던 것을 활용하여 응용하는 시간!

1 시간따라 익히는 인사법

우리말의 "안녕하세요"에 해당됩니다. 시간에 따라, 사람에 따라 다음 인사법들이 있습니다.

早! 아침에 하는 인사
zǎo 자오

早上好! 오전에 하는 인사
zǎo shang hǎo 자오상 하오

晚上好! 저녁에 하는 인사
wǎn shang hǎo 완상 하오

你们好! 여러분 안녕하세요!
nǐ men hǎo 니먼 하오

2 처음 만나는 상대방의 이름묻기

이름을 물어보는 방법은 여러 가지이다. 거의 모든 교재에서 다루는 **你叫什么名字?**는 상대방과 나이가 비슷할 때나 공무에 필요할 때다. 개인적으로 만나 물어 볼 때는 다음과 같은 표현이 좋다.

您贵姓? 성함이 어떻게 되세요?
nín guì xìng 닌'꿰이'싱

您怎么称呼? 이름이 어떻게 되세요?
nín zěn me chēng hu 닌 전머 "청후

활용 연습
앞에서 배웠던 것을 활용하여 응용하는 시간!

3 很高兴认识你。 "헌"까오'싱'런스"니 반가워요.

누가	어찌하다	무엇을
我 "워 나 你 "니 너 她 "타 그녀 小明 "샤오'밍 샤오밍	认识 '런스 알다 吃 "츠 먹다 学 '쉬에 배우다 学 '쉬에 배우다	她 "타 그녀 饭 '판 밥 汉语 '한"위 중국어 韩语 '한"위 한국어

+ 가운데, + 오른쪽

4 我叫张强。 "워'쟈오"장'챵 저는 장챵이라고 해요.

누구는	~라고 부르다	무엇
我 "워 나 她 "타 그녀 他 "타 그 老师 "라오"스 선생님	叫 '쟈오	正浩 "정'하오 정호 恩惠 "언'훼이 은혜 小明 "샤오'밍 샤오밍 张强 "장'챵 장챵

기본 문법

기본적인 문법 정도는 알아야 입이 열린다!

인칭 대명사

나	너	그	그녀	그것
我 ˬ워	你 ˬ니	他 ˮ타	她 ˮ타	它 ˮ타

인칭 대명사 뒤에 们을 붙이면 '~들'의 뜻이 된다.

동사의 기본형식 (1)

A + 동사 + B : A가 B를 어찌하다

나는 + 먹다 + 밥을
我 ˬ워 吃 ˮ츠 饭 ˋ판 。

그는 + 배운다 + 중국어를
他 ˮ타 学 ˬ쉬에 汉语 ˋ한ˬ위 。

선생님이 + 하다 + 말을
老师 ˬ라오ˮ스 说 ˮ쉬 话 ˋ화 。

형용사의 기본형식

A + 형용사 : A가 어떠하다

我很高兴 。 ˬ워ˬ헌ˮ까오ˋ싱   나는 기쁘다.
她很漂亮 。 ˮ타ˬ헌ˋ파오량   그녀는 예쁘다.
牛奶很白 。 ˬ뇨ˬ나이ˬ헌ˬ바이   우유는 희다.

부사 很

형용사 앞에 쓰이며 '아주', '매우'의 뜻이나 특별히 강조해서 읽지 않을 때는 따로 해석을 하지 않는다.

她漂亮 。 ˮ타ˋ파오량   그녀는 예쁘다.
她很~~漂亮 。 ˮ타ˬ헌ˋ파오량   그녀는 정말 예쁘다.

도전 실력확인 하기

A 본문을 이용하여 대화를 완성하세요.

> Q 你叫什么名字？(你) 이름이 뭐에요?
> A 我叫李恩惠。(李恩惠) 이은혜입니다.

❶ Q 你好! 안녕하세요.
   A ＿＿＿＿＿＿＿! (老师) 선생님, 안녕하세요.

❷ Q 您怎么称呼? 성함이 어떻게 되세요?
   A ＿＿＿＿＿＿＿。(王小明) 저는 왕샤오밍이라고 합니다.

❸ Q ＿＿＿＿＿＿＿? (贵姓) 성은 어떻게 되세요?
   A 我姓吴。 오씨입니다.

B 소리가 나는 대로 문장을 완성하시오.

> 니하오! ▷ 你好!

❶ "쟈오상 "하오!　　＿＿＿＿＿＿＿＿＿

❷ "타' 쟈오, 선머, 밍즈　　＿＿＿＿＿＿＿＿＿

❸ '쟈오 "워 "샤오, 밍　　＿＿＿＿＿＿＿＿＿

해답 165page

큰 소리로 열 번씩 따라 읽으면서 복습하자.

1
你好!
nǐ hǎo "니"하오
안녕하세요.

2
您怎么称呼?
nín zěn me chēng hu ,닌"전머"청후
성함이 어떻게 되세요?

3
你叫什么名字?
nǐ jiào shén me míng zi "니'쟈오,선머,밍즈
이름이 뭐예요?

4
我叫张强。
wǒ jiào zhāng qiáng "워'쟈오"장,챵
저는 장챵이에요.

5
认识你, 很高兴。
rèn shi nǐ, hěn gāo xìng '런스"니 "헌"까오'싱
만나서 반갑습니다.

6
很高兴认识你。
hěn gāo xìng rèn shi nǐ "헌"까오'싱'런스"니
만나서 반가워요.

재회

이젠 얼굴도 알았고 이름도 알았고 친해지는 일만 남았다. 만나면 친근하게 어떻게 지내는 지도 묻고, 오랜만에 봤다면 반갑다는 표현도 좀 하고, 친구들 근황도 물어보자. 어떻게? '전머양?'이라고 하면서

UNIT
02

会话 03

길을 가다가 아는 사람을 만났을 때 아래의 표현을 많이 사용하죠~

mp3 track unit 2

A zhāng qiáng　nǐ hǎo
张强, 你好!
"장,챵　"니"하오
장챵, 안녕하세요!

B ēn huì　hǎo jiǔ bú jiàn
恩惠, 好久不见。
"언'훼이　"하오"죠"부'젠
은혜야, 오랜만이야.

A zuì jìn zěn me yàng　máng ma
最近怎么样? 忙吗?
'쮀이'진"전머'양　"망마
요즘 어때요? 바빠요?

B shì　hěn máng　nǐ ne
是, 很忙。你呢?
'스　"헌"망　"니너
응, 바빠. 넌?

A hái xíng
还行。
"하이"싱
그냥 그래요.

---

new word

好久不见 hǎo jiǔ bú jiàn "하오"죠"부'젠
오랜만이야
最近 zuì jìn '쮀이'진 요즘, 최근
怎么样 zěn me yàng "전머'양
어때요?
忙 máng "망 바쁘다
吗 ma 마 ~까?
很 hěn "헌 아주
还行 hái xíng "하이"싱
괜찮다, 그런 대로

서로의 안부를 물을 때의 표현으로
친한 사이일수록 안부를 묻는 것은 중요해요!

A zhèng hào　nǐ hǎo
正浩，你好！
'정'하오　„니„하오
정호야, 안녕

B nǐ hǎo　nǐ shēntǐ zěnme yàng
你好！你身体怎么样？
„니„하오　„니"선„티„전머'양
안녕! 몸은 어때?

A hái xíng　nǐ zěn me yàng
还行。你怎么样？
„하이„싱　„니„전머'양
그런 대로. 넌 어때?

B wǒ hěn hǎo　yì qǐ chī fàn　zěn me yàng
我很好。一起吃饭，怎么样？
„워„헌„하오　'이„치"츠'판　„전머'양
난 아주 좋아. 같이 밥 먹을래?

身体 shēn tǐ "선„티 몸, 건강
一起 yī qǐ '이„치 같이, 함께
吃饭 chī fàn "츠'판 밥을 먹다

활용 연습

앞에서 배웠던 것을 활용하여 응용하는 시간!

1　身体怎么样？ "선„티„전머'양　건강은 어때요?

무엇은

你 „니　너
你妈妈 „니"마마　너의 엄마
身体 "선„티　몸
健康 '젠"캉　건강
天气 "텐'치　날씨
衣服 "이푸　옷
一起去 '이„치'취　같이 가다

＋

어때요?

怎么样？ „전머'양

2　很忙。 „헌,망　아주 바빠요.

아주

很 „헌

＋

어떠하다

漂亮 '파오량　예쁘다
热 '러　뜨겁다
冷 „렁　차다
大 '따　크다

활용 연습
앞에서 배웠던 것을 활용하여 응용하는 시간!

3 一起吃饭。 '이„치"츠'판 같이 밥을 먹다.

같이		어찌하다
一起 '이„치	+	学 ,쉬에 배우다 吃 "츠 먹다 坐 '쭤 앉다 玩 ,완 놀다

4 好久不见。 „하오„죠,부'젠 오랜만이에요.

오래 동안		안		어찌하다
好久 „하오„죠	+	不 '부	+	玩 ,완 놀다 来 ,라이 오다 去 '취 가다 学 ,쉬에 배우다

기본 문법
기본적인 문법 정도는 알아야 입이 열린다!

怎么样?

怎么样?의 형태는 아주 다양하다. 명사에서 형용사, 동사, 절까지 거의 모든 형태가 올 수 있으며, 해석할 때는 명사적으로 해석을 한다.

❶ 사람이나 일반 명사가 올 때

她怎么样? "타„전머'양 그녀는 어때?
你的老师怎么样? „니더„라오"스„전머'양 너희 선생님은 어때?

❷ 문장이 올 때

一起去怎么样? '이„치'취„전머'양 함께 가는게 어때?
今天吃怎么样? "진"톈"츠„전머'양 오늘 먹는게 어때?

❸ 怎么样?의 대답들

很好。 „헌„하오 아주 좋다.
还行。 ,하이,싱 괜찮다, 그냥 그렇다.
不太好。 ,부'타이„하오 별로 좋지 않다.
不好。 '부„하오 안 좋다.

동사의 기본형식(2)

주어 + 동사 A B : 누가 A에게 B하다

~에게 ~어찌하다의 뜻이며, 영어의 간접목적어, 직접목적어 개념이다.
이러한 동사를 몇 개 익혀두면 좋다.

送 '쏭 누구에게 무엇을 보내다.
给 „게이 누구에게 무엇을 주다.
还 ,환 누구에게 무엇을 돌려주다.
问 '원 누구에게 무엇을 물어보다.
请 „칭 누구에게 무엇을 부탁하다.

부사 '一起'

부사 '一起' '같이', '함께'의 뜻으로 동사 앞에 주로 쓰인다.

去 '취 가다 ➡ 一起去 '이„치'취 같이 가다.
吃 "츠 먹다 ➡ 一起吃 '이„치"츠 같이 먹다.
来 ,라이 오다 ➡ 一起来 '이„치,라이 같이 오다.

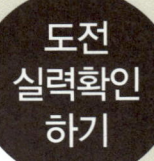

A 그림을 보고 제시어를 이용하여 문장을 완성하시오.

> 很好 / 不太好 / 不好 / 还行

❶ 天气 _____ 。
날씨가 별로 안 좋아요

❷ 咖啡 _____ 。
커피는 안 좋아요

❸ 健康 _____ 。
건강이 그냥 그래요

❹ 我妈妈 _____ 。
엄마가 좋아요

B 제시어를 보고 발음이 나는 대로 문장을 완성하시오.

> 好久不见 / 你忙吗 / 还行 / 我很好

❶ ˇ워ˇ헌ˇ하오　_____ 。

❷ ˏ하이ˏ싱　_____ 。

❸ ˇ하오ˇ죠ˏ부ˊ젠　_____ 。

❹ ˇ니ˏ망 마　_____ 。

해답 165page

43

큰 소리로 열 번씩 따라 읽으면서 복습하자.

❶ ☑ ❷ ☐ ❸ ☐ ❹ ☐ ❺ ☐ ❻ ☐ ❼ ☐ ❽ ☐ ❾ ☐ ❿ ☐

1
好久不见!
hǎo jiǔ bú jiàn   하오ˇ죠,부'젠
오랜만이야.

2
最近怎么样?
zuì jìn zěn me yàng   '쮀이'진ˇ전머'양
요즘 어때요?

3
很忙, 你呢?
hěn máng nǐ ne   ˇ헌,망 ˇ니너
바뻐. 넌?

4
还行。
hái xíng   ,하이ˇ싱
그냥 그래요.

5
我很好。
wǒ hěn hǎo   ˇ워ˇ헌ˇ하오
난 아주 좋아.

6
一起吃饭, 怎么样?
yì qǐ chī fàn   zěn me yàng   '이ˇ치"츠'판 ˇ전머'양
같이 밥 먹을래?

.... 소개

중국어에서 제일 중요한 역할을 하는 것은 품사 중 동사이다. 그 중 '난 ~이다'란 표현은 세계 어느 외국어 교재든 처음에 배우게 되는 동사다. 한국어와는 또 다른 동사의 세계, 그리고 동사의 파트너 같은 목적어와의 관계. 그 흥미로운 여행을 이제 시작해 보자. 그 첫 번째는 자신과 남을 알아 가는 방법으로 '~이다'의 뜻을 가진 '**是**'에 대해 배워보자.

UNIT
03

그 사람이 어느 나라 사람인지 살짝 궁금할때가 많죠? 용기내어 물어보세요!

A wǒ shì hán guó rén　nǐ ne
我是韩国人，你呢?
„워'스‚한‚궈‚런　„니너
저는 한국 사람입니다. 당신은요?

B wǒ shì zhōng guó rén
我是中国人。
„워'스"종‚궈‚런
저는 중국 사람입니다.

A shì ma　nǐ de tài tai yě shì zhōng guó rén ma
是吗? 你的太太也是中国人吗?
'스마　„니더'타이타이„예'스"종‚궈‚런마
그래요? 부인도 중국 사람이에요?

B wǒ de ài rén shì hán guó rén
我的爱人是韩国人。
„워더'아이‚런'스‚한‚궈‚런
제 부인은 한국 사람입니다.

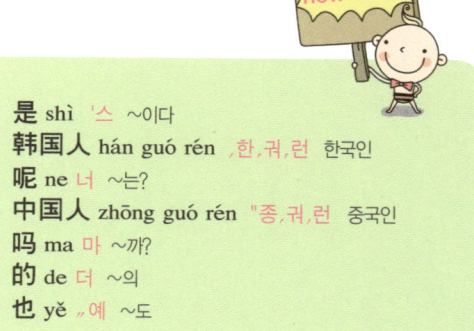

是 shì '스 ~이다
韩国人 hán guó rén ‚한‚궈‚런 한국인
呢 ne 너 ~는?
中国人 zhōng guó rén "종‚궈‚런 중국인
吗 ma 마 ~까?
的 de 더 ~의
也 yě „예 ~도

会话 06

상대방에게 소개할 때의 표현입니다.
폭넓은 인간관계는 상당히 중요하지요!

tā shì shéi
A 她是谁?
"타'스 ˌ세이
이 사람은 누구예요?

tā shì wǒ mā ma   zài běi jīng
B 她是我妈妈。在北京。
"타'스ˌ,워"마마   '짜이ˌ,,베이"징
이 분은 우리 어머니, 북경에 계셔.

zhè shì shén me
A 这是什么?
'저'스ˌ,선머
이건 뭐예요?

zhè shì wǒ māma yǎngde xiǎogǒu
B 这是我妈妈养的小狗。
'저'스ˌ,워"마마ˌ,,양더ˌ,,샤오"고
이건 우리 엄마가 키우는 강아지야.

谁 shuí ˌ세이 누구
妈妈 mā mā "마마 엄마
在 zài '짜이 ~에 있다
养 yǎng ˌ,양 키우다
的 de 더 ~하는, ~의
小狗 xiǎo gǒu ˌ,샤오"고 강아지

활용 연습

앞에서 배웠던 것을 활용하여 응용하는 시간!

1. 我是韩国人。 „워'스,한,궈,런 저는 한국 사람이에요.

누가 / 무엇이

我 „워 나
这 '저 이것
老师 „라오"스 선생님
我爱人 „워'아이,런 내 아내
我们 „워먼 우리

+

~이다

是 '스

+

누구 / 무엇

韩国人 „한,궈,런 한국인
书 "수 책
美国人 „메이,궈,런 미국인
老师 „라오"스 선생님
朋友 ,펑요 친구

2. 你是韩国人吗? „니'스,한,궈,런마 당신은 한국 사람이에요?

~이다 / 하다

他是韩国人
"타'스,한,궈,런 그는 한국인이다

老师叫菲菲
„라오"스'쟈오"페이"페이
선생님이 페이페이를 부른다

恩惠漂亮
"언'훼이'퍄오량 은혜는 예쁘다

你爱他
„니'아이"타 너는 그녀를 사랑한다

+

~입니까 / 합니까?

他是韩国人吗?
"타'스,한,궈,런마 그는 한국인입니까?

老师叫菲菲吗?
„라오"스'쟈오"페이"페이마
선생님이 페이페이를 부릅니까?

恩惠漂亮吗?
"언'훼이'퍄오량마 은혜는 예쁩니까?

你爱她吗?
„니'아이"타마 너는 그녀를 사랑합니까?

48

활용 연습
앞에서 배웠던 것을 활용하여 응용하는 시간!

3 我的太太(先生)。 워더'타이타이("셴성) 나의 아내(남편)

무엇/누구	~의	무엇/누구
朋友 펑요 친구 我 워 나 韩国 한궈 한국 中国 즁궈 중국 学校 쉬에'샤오 학교	+ 的 더 +	手机 소"지 핸드폰 名字 밍즈 이름 天气 "톈치 날씨 老师 라오"스 선생님 人 런 사람

4 我妈妈养的小狗。 워"마마"양더"샤오"고 우리 엄마가 키우는 강아지야.

어찌하다	~하는	무엇/누구
我吃 워"츠 내가 먹다 今天学 "진"톈쉬에 오늘 배우다 在北京 짜이"베이"징 북경에 있다 你喝 니"허 너가 마시다 明天去 밍"톈취 내일 가다	+ 的 더 +	饭 판 밥 字 쯔 글자 朋友 펑요 친구 可乐 커러 콜라 地方 띠팡 장소

기본 문법
기본적인 문법 정도는 알아야 입이 열린다!

A 是 B
A는 B이다

나는 ~이다 (한국인)	➡	我是韩国人。	워'스 „한„궈„런
저 사람은 ~이다 (학생)	➡	他是学生。	워'스 „쉬에셩
이것은 ~이다 (내 핸드폰)	➡	这是我的手机。	'저'스 „워더 „소"지

谁 와 什么

谁 는 한국어로 '누구' 에 해당된다.

| 너는 ~이다 (누구) | ➡ | 你是谁? | „니'스 „세이 |
| 선생님 ~이다 (누구) | ➡ | 老师是谁? | „라오"스'스 „세이 |

什么 는 한국어로는 '무엇', '무슨' 에 해당된다.

| 이것은 ~이다 (무엇) | ➡ | 这是什么? | '저'스 „선머 |
| 너의 이름은 ~이다 (무엇) | ➡ | 你的名字叫什么? | „니더 „밍즈 '쟈오 „선머 |

의문문 만들기

의문사가 없는 평서형을 의문문으로 만들 때 문장 끝에 '吗?' 를 쓰며, 뜻은 '~까?' 이다.

선생님은 중국 사람이다	➡	老师是中国人。	„라오"스'스"종„궈„런
선생님은 중국 사람입니까?	➡	老师是中国人吗?	„라오"스'스"종„궈„런마
이것은 핸드폰입니다	➡	这是手机。	'저'스 „소"지
이것은 핸드폰입니까?	➡	这是手机吗?	'저'스 „소"지마
날씨가 좋습니다	➡	天气好。	"텐'치 „하오
날씨가 좋습니까?	➡	天气好吗?	"텐'치 „하오마

呢 의 용법

呢 가 의문문에 쓰일 때의 뜻은 '~은/는?' 이다. 주로 앞에 이미 제시된 동사나 구문을 생략하여 묻는 방법이다.

| 난 밥 먹었어. 넌? | ➡ | 我吃了, 你呢? | „워"츠러 „니너 |
| 난 널 사랑해. 넌? | ➡ | 我爱你, 你呢? | „워'아이„니 „니너 |

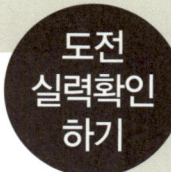

A 다음 보기와 같이 문장을 의문문으로 고치시오.

> 他是中国人。 → 他是中国人吗?
> 그는 중국사람입니다.   그는 중국사람입니까?

① 他叫小明。 그는 샤오밍이라 한다 → _____ ?
② 菲菲是老师。 페이페이는 선생님이다 → _____ ?
③ 妈妈认识他。 엄마는 그를 안다 → _____ ?
④ 这是我的手机。 이것은 나의 핸드폰이다 → _____ ?
⑤ 今天天气好。 오늘 날씨가 좋다 → _____ ?

B 谁와 什么를 이용하여 문장을 완성하시오.

> Q 这是什么_____? 이것은 무엇입니까?
> A 这是我的书。 이것은 나의 책이다

① Q _____ ? 그녀는 누구입니까?
  A 她是我妈妈。 그녀는 우리 엄마이다

② Q _____ ? 이것은 무엇입니까?
  A 这是我的手机。 이것은 나의 핸드폰이다

③ Q _____ ? 샤오밍은 누구입니까?
  A 小明是我的朋友。 샤오밍은 나의 친구이다

해답 165page

큰 소리로 열 번씩 따라 읽으면서 복습하자.

1 我是韩国人。你呢?
wǒ shì hán guó rén   nǐ ne   „워'스,한,궈,런 „니너
저는 한국 사람입니다. 당신은요?

2 你是哪里人?
nǐ shì nǎ lǐ rén   „니'스„나„리,런
당신은 어디 사람입니까?(고향을 물을 때)

3 他是中国人吗?
tā shì zhōng guó rén ma   "타'스"종,궈,런마
그는 중국 사람이에요?

4 这是什么?
zhè shì shén me   '저'스,선머
이건 뭐예요?

5 她是谁?
tā shì shéi   "타'스,세이
이 사람은 누구예요?

6 这是我妈妈。
zhè shì wǒ mā ma   '저'스„워"마마
이 분은 우리 어머니야.

·············· 숫자

숫자와 관련된 말을 배우는 과로 몇 개, 혹은 몇 장 등이 있는지, 필요한지를 표현하는 법을 배우도록 하자. 마트나 시장에 가서 당황하지 않고 자기가 필요한 물건을 사는 연습도 중요하다는 사실~

UNIT
04

会话 07

상점에 가서 물건을 살 때의 표현입니다.
정확하게 내 의사를 표현하는 것이 중요

A nǐ yào shén me
你要什么?
니'야오, 선머
뭐 드릴까요?

B nǐ men yǒu zhǐ jīn ma
你们有纸巾吗?
니먼, 요, 즈"진마
티슈 있어요?

A yǒu yào jǐ ge
有。要几个?
요 '야오, 지거
있어요. 몇 개 드릴까요?

B yào liǎng gè duō shao qián
要两个。多少钱?
'야오, 량'거 "뚸사오, 쳰
두 개 주세요. 얼마예요?

A liǎng kuài
两块。
량'콰이
2위엔이에요.

要 yào '야오 주세요
有 yǒu 요 있다
纸巾 zhǐ jīn 즈"진 티슈
几 jǐ 지 몇
个 gè '거 개
两 liǎng 량 둘
多少钱 duō shao qián "뚸사오, 쳰
얼마예요?
块 kuài '콰이 (중국) 위엔

会话 08

집으로 사람을 초대하거나 초대받는 표현!
초대손님을 대접하는 건 한국문화와 거의 같죠

A 恩惠，你要咖啡吗？
"언'훼이 „니'야오"카"페이마
은혜야, 커피 줄까?

B 我不要，有可乐吗？
„워„부'야오 „요„커'러마
아니요. 콜라 있어요?

A 没有可乐，只有橙汁。
,메이„요„커'러 „즈„요,청"즈
콜라는 없고, 오렌지 주스 밖에 없어.

B 那我要一杯橙汁。
'나„워'야오'이"베이,청"즈
그럼, 오렌지 주스 주세요.

咖啡 kā fēi "카"페이 커피
可乐 kě lè „커'러 콜라
没有 méi yǒu ,메이„요 없다
只 zhǐ „즈 단지, ~밖에
橙汁 chéng zhī ,청"즈 오렌지 주스
那 nà '나 그럼
杯 bēi "베이 컵

활용 연습
앞에서 배웠던 것을 활용하여 응용하는 시간!

1 你有纸巾吗? „니„요„즈"진마 티슈 있어요?

누구는
- 我 „워 나
- 老师 „„라오"스 선생님
- 首尔 „소'얼 서울
- 学校 „쉬에'샤오 학교
- 这儿 '절 여기

있다 / 없다
- 有 있다 „요
- 没有 없다 ,메이„요

무엇이
- 钱 ,첸 돈
- 我的照片 „워더'자오'펜 내 사진
- 游乐园 ,요'러,위엔 유원지
- 银行 ,인,항 은행
- 啤酒 ,피,죠 맥주

2 我要一个。 „워'야오,이거 하나 주세요.

누가
- 我 „워 나
- 我妈妈 „워"마마 엄마
- 这儿 '절 여기
- 坐车 '쮜"처 차를 타다

필요하다 / 없다
- 要 필요하다 '야오
- 不要 필요없다 ,부'야오

무엇이
- 车 "처 차
- 我的帮助 „워"더"빵주 내 도움
- 花 "화 꽃
- 卡 „카 카드

활용 연습
앞에서 배웠던 것을 활용하여 응용하는 시간!

3. 没有可乐, 只有橙汁。 ˇ메이ˇ요 ˇ커´러 ˇ즈ˇ요, 청"즈 콜라는 없고 주스만 있어.

없다	무엇은		~만 있다	무엇
没有 ˇ메이ˇ요	老师 ˇ라오"스 선생님 钱 ´첸 돈 电脑 "덴ˇ나오 컴퓨터 过去 ˋ궈ˋ취 과거	+	只有 ˇ즈ˇ요	+	学生 ˊ쉬에성 학생 卡 ˇ카 카드 手机 ˇ소"지 핸드폰 现在 ˋ센ˋ자이 현재

4. 你要几个? ˇ니ˋ야오ˇ지거 몇 개 드릴까요?

누가	어찌하다	수량
我 ˇ워 나 老师 ˇ라오"스 선생님 小明 ˇ샤오ˊ밍 샤오밍 菲菲 "페이"페이 페이페이 你 ˇ니 너	买 ˇ마이 사다 喝 "허 마시다 吃 "츠 먹다 写 ˇ셰 쓰다 做 ˋ쭤 만들다	一个 ˋ이거 한개 两瓶 ˇ량ˊ핑 두병 三个 "싼거 세개 八张 "빠"장 여덟장 十个 ˊ스거 열개

기본 문법
기본적인 문법 정도는 알아야 입이 열린다!

A有B / A没有B

동사 有는 '있다'의 뜻이며 부정문은 특별히 没를 쓴다.
예를 들면,

그는 있다 중국친구가	→	他有中国朋友。	"타„요"종,궈,펑요
그는 없다 중국친구가	→	他没有中国朋友。	"타,메이„요"종,궈,펑요
나는 있다 돈이	→	我有钱。	,워„요,쳰
나는 없다 돈이	→	我没有钱。	,워,메이„요,쳰

A要B / A不要B

'A는 B가 필요하다 / A는 B가 필요없다'의 뜻. 여기에서 要는 '~주세요'의 뜻으로 해석이 된다.

나는 필요하다 우유 한 잔	→	我要一杯牛奶。	,워'야오'이"베이,뇨„나이
나는 필요하다 커피 한 잔	→	我要一杯咖啡。	,워'야오'이"베이"카"페이
나는 필요 없다 커피	→	我不要咖啡。	,워,부'야오"카"페이
저에게 주세요 콜라 한 병	→	我要一瓶可乐。	,워'야오'이,핑„커„러

중국의 숫자 (1부터 10까지)

yī	èr	sān	sì	wǔ	liù	qī	bā	jiǔ	shí
一	二	三	四	五	六	七	八	九	十
"이	'알	"싼	'ㅆ	„우	,료	,치	„빠	,죠	,스

양사 - 个, 瓶, 杯, 本

우리말에도 나무는 그루, 꽃은 송이, 약은 알이라고 하듯, 중국에서도 명사의 수를 말할 때 수량을 나타내는 말 뒤에 양사를 붙여 표현한다. 일반적으로 고유의 양사들이 있지만, 회화에서 잘 모를 때는 가장 보편적인 个를 쓰면 된다.

사과 한 개	→	一个苹果	,이거,핑„궈
한 사람	→	一个人	,이거,런
책 한 권	→	一本书	'이„번"수
맥주 한 병	→	一瓶啤酒	'이,핑,피,죠
커피 한 잔	→	一杯咖啡	'이"베이"카"페이

A 다음 제시어들을 이용하여 문장을 완성하시오.

> 一杯 / 我 / 可乐 / 茶 / 苹果 / 老师
> 一个 / 一瓶 / 冰箱里 / 要 / 有
>
> [예] 一张 / 老师 / 票 / 有 ➡ 老师有一张票。 선생님은 표 한 장이 있다

① _____ 。 나는 차 한 잔이 필요하다
② _____ 。 선생님은 사과 한 개가 필요하다
③ _____ 。 냉장고 안에 콜라 한 병이 있다

B 다음 그림에 맞는 양사를 찾아서 쓰시오.

> 杯 / 个 / 瓶 / 本

(   )

(   )

(   )

(   )

해답 165page

> 큰 소리로 열 번씩 따라 읽으면서 복습하자.

1
你要什么?
nǐ yào shén me   "니'야오, 선머
뭐 드릴까요?

2
你们有纸巾吗?
nǐ men yǒu zhǐ jīn ma   "니먼"요"즈"진마
티슈 있어요?

3
多少钱?
duō shao qián   "뚸사오, 첸
얼마에요?

4
有可乐吗?
yǒu kě lè ma   "요"커'러마
콜라 있어요?

5
没有可乐, 只有橙汁。
méi yǒu kě lè   zhǐ yǒu chéng zhī   ,메이"요"커'러 "즈"요, 청"즈
콜라는 없고, 오렌지 주스만 있어.

6
我要一杯橙汁。
wǒ yào yì bēi chéng zhī   "워'야오'이"베이, 청"즈
오렌지 주스 한 잔 주세요.

날짜와 시간

친구와 약속을 정할 때든 사업상 중요한 얘기를 나눌 때 건 빠지지 않고 나오는 것이 날짜와 시간. 이 과는 문법 보다 정확한 시간과 날짜를 표현하는 것이 가장 중요하다. 예약을 할 때도 몇 명이, 어느 날, 어느 시간에 가는지만 정확히 말하면 문제 없다.

UNIT 05

날짜를 묻는 표현입니다.
일상에서 많이 쓰이므로 알아두면 좋아요

mp3 track unit 5

jīn tiān jǐ yuè jǐ hào
A 今天几月几号?
"진"톈 „지'위에 „지'하오
오늘 몇 월 몇 일이야?

jīn tiān shí yuè jiǔ hào a
B 今天十月九号啊。
"진"톈, 스'위에„죠'하오아
오늘, 10월 9일.

shí jiān guò de zhēn kuài   jīn tiān shì wǒ bà ba de shēng rì
A 时间过得真快! 今天是我爸爸的生日。
, 스"젠'궈더"전'콰이   "진"톈'스„워'빠바더"성'르
시간 참 빠르네! 오늘 우리 아버지 생신이야.

gěi tā dǎ diàn huà le ma
B 给他打电话了吗?
„게이"타„따'뎬'화러마
아버지한테 전화 드렸어?

wàng le
A 忘了。
'왕러
잊어 버렸어.

new word

几 jǐ „지 몇
月 yuè '위에 월
号 hào '하오 일
时间 shí jiān „스"젠 시간
真 zhēn "전 정말, 진짜
快 kuài '콰이 빠르다
生日 shēng rì "성'르 생일, 생신
给 gěi „게이 ~에게
打电话 dǎ diàn huà „다'뎬'화 전화하다
忘 wàng '왕 잊어 버리다

시간을 묻는 표현으로 회화에 자주 등장합니다.
숫자의 개념을 익히는게 포인트!

A zhāng qiáng　xiàn zài jǐ diǎn
张强，现在几点？
"장,챵　'셴'자이"지"뎬
장챵, 지금 몇 시예요?

B shí yī diǎn bàn　yǒu shì ma
十一点半。有事吗？
"스"이"뎬'빤　"요'스마
11시 반인데. 무슨 일 있어?

A wǒ yào qù jiē péng you
我要去接朋友。
"워'야오'취"졔,펑요
친구 데리러 가야 하거든요.

B xiàn zài　tā jǐ diǎn dào
现在？她几点到？
'셴'자이　"타"지"뎬'따오
지금? 몇 시에 도착하는데?

A shí èr diǎn wǔ shí dào
十二点五十到。
"스'알"뎬"우,스'따오
12시 50분 도착이에요.

wǒ xiàn zài yào zǒu　zài jiàn
我现在要走。再见！
"워'셴'자이'야오"조　'짜이'졘
지금 가야겠어요. 안녕히 계세요.

new word

点 diǎn "뎬 시
半 bàn '빤 반
事 shì '스 일
要 yào '야오 ~해야 한다
接 jiē "졔 마중 가다, 데리러 가다
到 dào '따오 도착하다

활용 연습
앞에서 배웠던 것을 활용하여 응용하는 시간!

1. 几月几号 "지'위에"지'하오 몇 월 며칠

몇	월	며	칠	어찌하다
3 "싼 5 "우 8 "빠	月 '위에	1 "이 5 "우 15 "스"우	号 '하오	放假 "팡'쟈 방학하다 休息 "쏘시 쉬다 一起吃饭 '이"치"츠'판 같이 밥을 먹다

2. 几点几分 "지"뎬"지"펀 몇 시 몇 분

몇	시	몇	분	어찌하다
8 "빠 12 "스'알 6 '료	点 "뎬	15 "스"우 30 "싼"스 20 '알"스	分 "펀	吃早饭 "츠"자오'판 아침밥을 먹다 上班 '상"빤 출근하다 跟朋友见面 "껀"펑요'젠"몐 친구와 만나다

3. 我现在要走。 "워'셴'자이'야오,조 나 지금 가야 해.

누가	언제	~해야 한다	어찌하다
我 ,워 나 朋友 ,펑요 친구 小明 ,샤오,밍 샤오밍	明天 ,밍"톈 내일 今天 "진"톈 오늘 4号 "쓰'하오 4일	要 '야오	去书店 '취"수'뎬 서점에 가다 去面试 '취'몐스 면접하러 가다 去中国 '취,종,궈 중국에 가다

활용 연습
앞에서 배웠던 것을 활용하여 응용하는 시간!

4 중국의 명절과 기념일 (农历 ,농'리=음력)

	날짜	명절	발음	뜻
	1月 1号	元旦	,위엔'단	설날(양력)
农历	1月 1号	春节	"춘,졔	설날
农历	1月 15号	元宵节	,위엔"샤오,졔	정월 대보름
	2月 14号	情人节	,칭,런,졔	발렌타인데이
	3月 8号	妇女节	'푸,뉘,졔	부녀자의 날
	4月 5号	清明节	"칭,밍,졔	청명절
	5月 1号	劳动节	,라오'동,졔	노동자의 날
农历	5月 5号	端午节	"돤"우,졔	단오
	6月 1号	儿童节	,알,통,졔	어린이 날
农历	8月 15号	中秋节	"종"쵸,졔	추석
	9月 10号	教师节	'쟈오"스,졔	스승의 날
	10月 1号	国庆节	,궈'칭,졔	국경일
	12月 25号	圣诞节	'성'단,졔	크리스마스

5 给爸爸打电话。 ,게이'빠바,따'뎬"화 아버지에게 전화를 해 드리다.

~에게	누구	어찌해 주다
给 ,게이	妈妈 "마마 엄마 朋友 ,펑요 친구 我 ,워 나 她 "타 그녀 一个朋友 ,이거,펑요 한 친구	打电话 ,따'뎬"화 전화를 걸다 做饭 '쭤'판 밥을 짓다 买一本书 ,마이'이,번"수 책 한 권을 사다 介绍 '졔'사오 소개하다 写信 ,셰'신 편지를 쓰다

기본 문법
기본적인 문법 정도는 알아야 입이 열린다!

날짜 묻고 말하기

날짜는 다음 세 가지만 외우면 간단하다.

nián	yuè	hào
年 ˋ녠	月 ˊ위에	号 ˋ하오
2013년 ˋ알ˋ링ˇˇ이ˇˇ싼ˋ녠	8월 ˇˇ빠ˊ위에	16일 ˋ스ˊ료ˋ하오

주의할 점은 몇 년 인지를 얘기할 때 단위를 빼고 숫자만 얘기한 다는 점. 숫자 1은 '이(一)' 라고 읽는다. 묻는 방법은 숫자 대신 '지(几)'를 쓰면 된다.

시간 묻고 말하기

시간도 다음 두 가지를 외우면 된다.

diǎn	fēn
点 ˇ뎬	分 ˉ펀
4시 ˋ쓰ˇ뎬	15분 ˋ스ˊ우ˉ펀

要의 여러 가지 뜻

要는 중국에서는 능원동사(能愿动词)라 불리우며, 영어의 조동사와 비슷하다. 능원동사의 특징은 목적어가 동사, 형용사 혹은 구문의 형태라는 것이다. 그래서 要의 목적어가 문장이나 동사가 올 때는 '~해야 한다', 혹은 '~하려고 하다'로 해석해야 한다. 명사가 오면 '필요하다'의 뜻으로 해석한다.

사과 한 개가 필요하다.	→	我要一个苹果 ˇ워ˋ야오,이거,핑ˊ궈
가실래요?	→	你要去吗? ˇ니ˋ야오ˋ취마
나 약 먹어야 해요.	→	我要吃药。 ˇ워ˋ야오ˉ츠ˋ야오

A 다음 보기에서 문장을 골라 완성하시오.

> 现在几点?　　　今天几月几号?
> 几点几分到?　　有事吗?

❶ Q _____? A 我要去看病。 나 문병 가야해

❷ Q _____?
A 今天5月5号，是韩国的儿童节。 오늘은 5월 5일, 한국의 어린이날이야

❸ Q _____? A 现在12点。 지금 12시이다

❹ Q _____? A 她5点半到。 그녀는 5시 반에 도착해

B 그림을 보고 해당되는 시간이나 날짜를 중국어로 완성하시오.

❶ 现在 _____。
지금은 5시 20분이다

❷ 我 _____ 跟朋友一起吃饭。
6시에 친구랑 같이 밥을 먹는다

❸ _____ 是韩国的教师节。
5월 15일은 한국의 스승의 날이다

❹ _____ 去中国。
8월 27일 중국에 간다

해답 165page

큰 소리로 열 번씩 따라 읽으면서 복습하자.

1 今天几月几号?
jīn tiān jǐ yuè jǐ hào "진"톈„지'위에„지'하오
오늘 몇 월 몇 일 이야?

2 时间过得真快!
shí jiān guò de zhēn kuài ,스"졘„궈더"전„콰이
시간 참 빠르네!

3 给爸爸打电话了吗?
gěi bà ba dǎ diàn huà le ma „게이'빠바„따'뎬„화러마
아버지한테 전화 드렸어?

4 现在几点?
xiàn zài jǐ diǎn '셴'자이„지„뎬
지금 몇 시에요?

5 我要去接朋友。
wǒ yào qù jiē péng you „워'야오'취"졔,펑요
친구 데리러 가야 하거든요.

6 十二点五十到。
shí èr diǎn wǔ shí dào ,스'알„뎬„우,스'따오
12시 50분 도착이에요.

의문문과 과거형

동사나 형용사가 서술어인 평서형의 문장 끝에 '吗'를 붙이면 의문문이 된다. 또 한 가지 자주 쓰이는 의문문은 서술어인 동사나 형용사를 긍정과 부정의 형태로 만들어 주는 것이다. 우리말로는 '가, 안가?'이지만 다그쳐 묻는 느낌은 없다. '吗' 의문문과 똑 같은 의미를 지니고 있다. 중국인들이 더 좋아하는 표현이니까 자꾸 연습해 보고 팁으로 비교적 간단한 문법에 해당되는 동사의 과거시제도 같이 배워보자. 파이팅!

UNIT 06

약속된 어떤 장소에 갈 수 있는지에 대해 묻는 표현입니다.

A jīntiān wǎnshang yǒu yǎn chàng huì　nǐ yào bu yào qù
今天晚上有演唱会，你要不要去？
"진"톈 "완상 "요 "옌'창'훼이　　"니'야오부'야오'취
오늘 저녁에 콘서트 있는데, 넌 안 가?

B wǒ bù néng qù　　nǐ ne
我不能去。你呢？
"워'부 "넝'취　　"니너
전 못 가요. 선생님은요?

A wǒ yào gēn nán péng you yì qǐ qù
我要跟男朋友一起去。
"워'야오"껀 "난 "펑요'이 "치'취
난 남자 친구랑 같이 갈려구.

B hǎo xiànmù　zhù nǐ men wán de yú kuài
好羡慕！祝你们玩得愉快！
"하오'셴"무　'주 "니먼 "완더 "위'콰이
부럽다~ 재미있게 놀고 오세요!

new word

晚上 wǎn shang "완상 저녁
演唱会 yǎn chàng huì "옌'창'훼이 콘서트
不能 bù néng '부 "넝 ~할 수 없다
羡慕 xiàn mù '셴"무 부럽다
祝 zhù '주 ~하길 바라다
愉快 yú kuài "위'콰이 즐겁다

会话 12

다른 사람의 의사를 묻는 의문문형태로
'뭐~ 할래?'의 주된 표현이 쓰이죠

A wǒ zhǔ fāng biàn miàn le nǐ chī bu chī
我煮方便面了, 你吃不吃?
„워„주"팡'벤'몐러   „니"츠부"츠
라면 끓였는데, 먹을래?

B wǒ bùchī   nǐ méiyǒu chī wǎnfànma
我不吃。你没有吃晚饭吗?
„워'부"츠   „니,메이„요"츠„완'판마
안 먹을래. 저녁 안 먹었어?

A méi yǒu jīntiān tài máng méi yǒu shí jiān
没有。今天太忙, 没有时间。
,메이„요 "진"톈'타이,망   ,메이„요,스"졘
안 먹었어. 오늘 너무 바빠서, 시간이 없었어

B yào bu yào lái diǎnr pào cài
要不要来点儿泡菜?
'야오부'야오,라이„댤'파오'차이
김치 좀 줄까?

A bú yòng le   xiè xie
不用了, 谢谢!
,부'용러   '셰셰
괜찮아, 고마워.

new word

煮 zhǔ „주 끓이다
方便面 fāng biàn miàn "팡'벤'몐 라면
没有 méi yǒu ,메이„요 ~하지 않았다
晚饭 wǎn fàn „완'판 저녁밥
太 tài '타이 너무
来 lái ,라이 주다, 하다
点儿 diǎnr „댤 조금
泡菜 pào cài '파오'차이 김치
不用了 bú yòng le ,부'용러 필요 없다

활용 연습
앞에서 배웠던 것을 활용하여 응용하는 시간!

1. 긍정과 부정을 이용한 의문문 만들기

老师 "라오"스 선생님 春节 "춘,제 설날 妈妈 "마마 엄마 今天 "진"텐 오늘 你 "니 너 她 "타 그녀	来不来 ,라이부,라이 오느냐 放不放 '팡부'팡 하느냐 吃不吃 "츠부"츠 먹느냐 要不要 '야오부'야오 필요하냐 想不想 "샹부"샹 하고싶냐 漂不漂亮 '파오부'파오량 예쁘냐	假 '쟈 방학 水果 "쉐이"궈 과일 去 '취 가다 知道 "즈'다오 알다

\+ 　　　　　\+ 　　　　　\+ ?

2. 동사의 과거형과 과거 부정

어찌하다	어찌했다	안했다
吃 "츠 먹다 去 '취 가다 来 ,라이 오다 学 ,쉬에 배우다 写 "셰 쓰다 做 '쭤 만들다	吃了 "츠러 먹었다 去了 '취러 갔다 来了 ,라이러 왔다 学了 ,쉬에러 배웠다 写了 "셰러 썼다 做了 '쭤러 만들었다	没有吃 ,메이요"츠 안 먹었다 没有去 ,메이요'취 안 갔다 没有来 ,메이요,라이 안 왔다 没有学 ,메이요,쉬에 안 배웠다 没有写 ,메이요"셰 안 썼다 没有做 ,메이요'쭤 안 만들었다

활용 연습
앞에서 배웠던 것을 활용하여 응용하는 시간!

3 祝你们玩得愉快! '주„니먼,완더,위'콰이 즐겁게 놀다 오세요.

바래요
祝 '주

+

무엇이
你们 „니먼 너희들
你生日 „니"성'르 너의 생일
你 „니 너
你 „니 너

+

어떠하다
健康 '젠"캉 건강하다
快乐 '콰이'러 즐겁다
好运 „하오'윈 운이 좋다
幸福 ,싱,푸 행복하다

4 ~주세요

주세요
来 ,라이

+

몇 개의
一支 „이"즈 한개
两张 „량"장 두 장
三瓶 "싼,핑 세 병
四壶 ‚쓰,후 네 주전자
点儿 „댤 조금

+

무엇을
笔 „비 펜
门票 ,먼'퍄오 입장권
可乐 „커'러 콜라
菊花茶 ,쥐"화,차 국화차
纸 „즈 종이

기본 문법
기본적인 문법 정도는 알아야 입이 열린다!

의문문 만들기 (긍정+부정)

의문문 만드는 첫번째 방법은 문장 끝에 '吗?'를 붙이는 형태이고, 두 번째 방법은 그 문장의 서술어, 주로 동사나 형용사를 긍정과 부정의 형태로 만드는 것이다. 예를 들면 한국어의 '간대, 안 간대?' 처럼 말이다.

동사의 과거와 과거 부정 了와 没有

동사 뒤나 문장 맨 끝에 '了'를 쓰면 '~했다'의 뜻이 되고, 동사 앞에 没有를 쓰면 '~하지 않았다'라는 뜻이 된다.

'来'의 여러 가지 뜻

'来'의 가장 대표적인 뜻은 '오다'이다. 하지만 회화에서 훨씬 많이 쓰이는 뜻은 '~주세요'와 '하다'이다. 그래서 식당에서 '~주세요'일 때는 거의 '来~'라고 쓴다.

콜라 한 병 주세요. → 来一瓶可乐。 ,라이'이,핑,,커'러
제가 할게요. → 我来吧。 ,,워,라이바

A 다음 제시된 문장을 재배열하여 문장을 완성하시오.

① 来 / 可乐 / 一瓶
_____ 。 콜라 한 병 주세요

② 你 / 快乐 / 生日 / 祝
_____ ！ 너의 생일이 즐겁기를 바라

③ 没有 / 我 / 晚饭 / 吃
_____ 。 나는 저녁밥을 안 먹었다

④ 你 / 吃饭 / 一起 / 跟 / 我们 / 要不要
_____ ？ 너는 우리랑 같이 저녁 먹을거니?

B 보기와 같이 변형시키시오.

> 吃 먹다 → 不吃 안 먹다 → 吃了 먹었다 → 没有吃 안 먹었다

① 看 보다 → _____ → _____ → _____

② 买 사다 → _____ → _____ → _____

③ 写 쓰다 → _____ → _____ → _____

④ 学 배우다 → _____ → _____ → _____

해답 165page

큰 소리로 열 번씩 따라 읽으면서 복습하자.

❶☑ ❷☐ ❸☐ ❹☐ ❺☐ ❻☐ ❼☐ ❽☐ ❾☐ ❿☐

1 今天晚上有演唱会。
jīntiān wǎnshang yǒu yǎn chàng huì "진"톈„완상„요„옌'창'훼이
오늘 저녁에 콘서트 있는데.

2 我要跟男朋友一起去。
wǒ yào gēn nán péng you yì qǐ qù „워'야오"껀,난,펑요'이„치'취
난 남자 친구랑 같이 갈려구.

3 我煮方便面了, 你吃不吃?
wǒ zhǔ fāng biàn miàn le   nǐ chī bu chī „워„주"팡'볜'몐러 „니"츠부"츠
라면 끓였는데, 먹을래?

4 我不吃。你没有吃晚饭吗?
wǒ bùchī nǐ   méiyǒu chī wǎnfànma „워'부"츠 „니‚메이„요"츠„완'판마
안 먹을래. 저녁 안 먹었어?

5 今天太忙, 没有时间。
jīntiān tài máng   méi yǒu shí jiān "진"톈'타이‚망 ‚메이„요‚스"졘
오늘 너무 바빠서, 시간이 없었어.

6 要不要来点儿泡菜?
yào bu yào lái diǎnr pào cài '야오부'야오‚라이„댤'파오'차이
김치 좀 줄까?

시간의 양

시간을 나타내는 두 표현, 하나는 지정된 시간을 표현하는 것과, 시간의 양을 나타내는 것이다. '언제'는 지정된 시간, '얼마 동안'은 시간의 양이다. 영어로, 전자는 'when'이고 후자는 'how long'에 해당된다. 묻는 법이 다르니, 대답하는 방법도 당연히 다르다. 여기에서는 얼마 동안이란 표현에 대해 익혀 보자. 당연히 '언제'란 물음에 대한 대답과 비교해 보면서!

UNIT 07

일정기간을 나타내는 것으로
몇 년 혹은 몇 주를 묻는 표현입니다.

A nǐ lái shǒu ěr duō cháng shí jiān le
你来首尔多长时间了?
„니,라이„소„얼"뛰,창,스"젠러
서울 온 지 얼마나 됐어?

B chà bu duō bàn nián le
差不多半年了。
'차부"뛰'빤,녠러
거의 반년 다 돼가.

A nǐ jué de zhèr zěn me yàng
你觉得这儿怎么样?
„니,쥐에더'절„전머'양
여기 어떤 것 같애?

B wǒ jué de hěn hǎo
我觉得很好。
„워,쥐에더„헌„하오
난 좋아.

měi nǚ hěn duō
美女很多!
„메이„뉘„헌"뛰
예쁜 여자들 아주 많잖아!

首尔 shǒu ěr „소„얼 서울
多 duō "뛰 얼마나
长 cháng ,창 길다
时间 shí jiān ,스"젠 시간
差不多 chà bu duō '차부"뛰 거의
觉得 jué de ,쥐에더 ~라고 생각하다
这儿 zhè r '절 여기
美女 měi nǚ „메이„뉘 예쁜 여자, 미인

会话 14

차가 도착할려면 얼마다 더 기다려야 하는지 답답하죠? 직접 물어보는 것이 정답!

mp3 track unit 7

A chē dào le ma
车到了吗?
"처'따오러마
차 도착했어?

B hái méi yǒu dào   wǒ qù wèn tā
还没有到。我去问他。
,하이,메이„요'따오   „워'취'원"타
아니요, 아직요. 제가 가서 물어 볼게요.

A hái yào děng duō cháng shí jiān
还要等多长时间?
,하이'야오„덩"뚸,창,스"졘
얼마나 더 기다려야 한대?

B tā shuō hěn kuài jiù dào
他说很快就到。
"타"쉬„헌'콰이'죠'따오
금방 온대요.

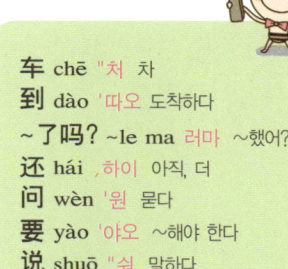

new word

车 chē "처 차
到 dào '따오 도착하다
~了吗? ~le ma 러마 ~했어?
还 hái ,하이 아직, 더
问 wèn '원 묻다
要 yào '야오 ~해야 한다
说 shuō "쉬 말하다
很快 hěn kuài „헌'콰이 금방
就 jiù '죠 바로, ~면

79

활용 연습
앞에서 배웠던 것을 활용하여 응용하는 시간!

1 你来这儿多长时间了? "니₃라이'절"뚸,창,스"젠러 여기 온 지 얼마나 됐어?

你来这儿 多长时间了?
"니₃라이'절"뚸,창,스"젠러

⇒

三年了 "싼,녠러 3년 됐어요.
三个月了 "싼거'위에러 3개월 됐어요.
三天了 "싼"톈러 3일 됐어요.
三个小时了 "싼거,,샤오,스러 3시간 됐어요.
三分钟了 "싼"펀"종러 3분 됐어요.

2 동사구 + 要多长时间? '야오"뚸,창,스"젠 ~하는 데 얼마나 걸려요?

어찌하는데
吃饭 "츠'판 밥을 먹다
学汉语 ,쉬에'한,,위 중국어를 배우다
走路 ,,조'루 걸어가다
坐车 "쭤"처 차를 타다

\+

걸린다
要
'야오

\+

얼마나
多长时间?
"뚸,창,스"젠

〈주의〉 동사가 목적어 없이 올 때는 '要 + 동사 + 多长时间'을 더 많이 쓰지만, 문법적으로 복잡함을 피하기 위해, 회화에서는 동사구문을 주어처럼 앞에 쓰고, 해석도 '~하는 데'라고 해석을 한다.

활용 연습
앞에서 배웠던 것을 활용하여 응용하는 시간!

3. 你觉得这儿怎么样? „니„쮜에더'절„전머'양 너 생각엔 여기 어때?

누가	생각하다	어떠하다
我 „워 나 小明 „샤오„밍 샤오밍 你 „니 너 我们 „워먼 우리 我 „워 나	+ 觉得 ,쮜에더 +	她很漂亮 "타„헌'파오량 그녀는 예쁘다 韩语很难 ,한„위„헌„난 한국어가 어렵다 哪个好? „나거„하오 어떤 것이 좋다 这个好吃 '저거„하오"츠 이것은 맛있다 不好 '뿌„하오 나쁘다

4. 我去问他。 „워'취'원"타 제가 가서 물어 볼게요.

누가	가서	어찌하다
我 „워 나 老师 „라오"스 선생님 小明 „샤오„밍 샤오밍 我们 „워먼 우리	+ 去 '취 +	做 '쭤 하다 问了 '원러 물었다 买了 „마이러 샀다 签字 "첸"쯔 서명하다

기본 문법
기본적인 문법 정도는 알아야 입이 열린다!

多长时间과 그 대답

두 가지 용법을 외워두자.

> '동사 + 多长时间了' ~한 지 얼마나 됐어요?
> '要 + 동사 + 多长时间' 얼마나 ~해야 하다.

질문 你等我多长时间了? „니„덩„워"뚸„창„스"젼러 나 얼마나 기다렸어요?
汉语我要学多长时间? '한„위„워'야오„쉬에"뚸„창„스"젼 중국어 얼마나 배워야 해요?

대답
年	个月	天	个小时	分钟
„녠 년	거'위에 달	"톈 일	거„샤오„스 시간	"펀"종 분간

→ 等你一个小时了。„덩„니„이거„샤오„스러 한 시간 기다렸어.
→ 要学三个月。'야오„쉬에"싼거'위에 3달 배워야 합니다.

还의 용법

뜻은 '아직, 더, 여전히' 세 가지로 외운다. 거의 이 뜻에서 벗어나지 않으며, 이 세 가지 뜻에서 벗어날 때는 강조의 뜻이므로 굳이 번역하지 않아도 된다. 문맥에 따라 이해하면 끝. 세 가지 뜻 중 가장 중요한 것이 바로 부정문의 앞에서 쓰이는 '아직'의 뜻이다.

她还没有来。"타„하이„메이요„라이 그녀는 아직 오지 않았다.
妈妈还不知道。"마마„하이'부"즈'다오 엄마는 아직 모르신다.
老师还没有说。„라오"스„하이„메이요„숴 선생님이 아직 얘기 안 하셨다.

就의 용법

사전에서 찾으면 수없이 많은 뜻이 나열되어 있다. 그만큼 많이 쓰인다는 뜻. 이것도 세가지 뜻만 외워 둔다. '바로/금방, ~면, ~만' 그 중 '바로, 금방'의 뜻일 때는 앞에 시간을 나타내는 말이 있는 경우가 많다. 제일 흔히 많이 쓰이는 용법은 두 번째, '~면'이다.

很快就去。„헌'콰이'죠'취 금방 가요.
现在就到。'셴'자이'죠"따오 지금 도착해요.
十分钟就到。„스"펀"종'죠"따오 10분이면 도착해요.

A 다음 예제 중 하나를 선택해 문장을 완성하시오.

> 来这儿多长时间了。　要等多长时间？
> 觉得怎么样？　　　　吃了吗？

❶ Q 你 _____ ？　A 我还没有吃。 난 아직 안 먹었어

❷ Q 你 _____ ？　A 要等一个小时。 한 시간 기다려야 해

❸ Q 你 _____ ？　A 我来这儿一个月了。 나 여기 온지 한 달 됐어

❹ Q 你 _____ ？　A 我觉得很好。 내 생각에 좋아

B 다음 대화를 완성하시오.

❶ Q 你学习汉语多长时间了？ 너 중국어 얼마나 배웠어?

　A _____ 。

❷ Q 你买这本书多长时间了？ 너 이 책 산지 얼마나 되었어?

　A _____ 。

❸ Q 这本书你要学多长时间？ 이 책 너 얼마나 배워야 해?

　A _____ 。

❹ Q 你今天要学多长时间？ 너 오늘 얼마나 배워야 해?

　A _____ 。

해답 166page

큰 소리로 열 번씩 따라 읽으면서 복습하자.

1 你来首尔多长时间了?
nǐ lái shǒu ěr duō cháng shí jiān le "니„라이"소„얼"둬,창,스"젠러
서울 온지 얼마나 됐어?

2 差不多半年了。
chà bu duō bàn nián le '차부"둬'빤,녠러
거의 반년 다 돼가.

3 你觉得这儿怎么样?
nǐ jué de zhèr zěn me yàng "니,쥐에더'절„전머'양
여기 어떤거 같애?

4 车到了吗?
chē dào le ma "처'따오러마
차 도착했어?

5 还要等多长时间?
hái yào děng duō cháng shí jiān ,하이'야오„덩"둬,창,스"젠
얼마나 더 기다려야 한대?

6 他说很快就到。
tā shuō hěn kuài jiù dào "타"쉬„헌'콰이'죠'따오
금방 온대요.

지시대명사

우리말도 이 말들 뒤에 무엇이 붙느냐에 따라 뜻이 틀려지므로 '것'이 붙기도 하고, 장소를 나타내는 '기'가 붙기도 하고, 사람을 나타내려면 '사람'을 붙이면 되고, '이런, 저런, 이렇게, 저렇게'란 표현을 만들어 내기도 한다. 여기서는 지시대명사를 이용한 표현들을 익혀 보자.

UNIT
08

会话 15

그 사람과 어떤 관계가 있는지 물어보는 많이 쓰이는 중요한 표현이죠!

A hǎo piào liang zhè shì nǎr
好漂亮! 这是哪儿?
„하오'퍄오량 '저'스„날
예쁘다! 여기 어디예요?

B zhè lǐ shì wǒ lǎo jiā guì lín
这里是我老家, 桂林。
'저„리'스„워„라오"쟈 '꿰이,린
여긴 우리 고향, 계림이야.

A zhè ge rén shì shéi
这个人是谁?
'저거,런'스,세이
이 사람은 누구예요?

B tā shì wǒ jiě jie tā hái méi jié hūn
她是我姐姐。她还没结婚。
"타'스„워„제제 "타,하이,메이,제"훈
이 사람은 우리 누나야. 아직 결혼을 안 했어.

tā jiù zhī dao gōng zuò
她就知道工作。
"타'죠"즈다오"꽁'줘
일만 알아.

new word

老家 lǎo jiā „라오"쟈 고향
谁 shéi ,세이 누구, 누가
姐姐 jiě jie „제제 언니, 누나
没 méi ,메이 ~안 했다
结婚 jié hūn ,제"훈 결혼하다
就 jiù '죠 ~만
知道 zhī dao "즈다오 알다
工作 gōng zuò "꽁'줘 일하다, 일

会话 16

위치와 방향을 묻는 표현으로 길을 찾을 때 많이 쓰이므로 꼭 알아둡시다~

A yín háng zài nǎr
银行在哪儿?
ˌ인ˌ항ˈ짜이ˌˌ날
은행이 어디 있나요?

B yín háng zài nà biān
银行在那边。
ˌ인ˌ항ˈ짜이ˌ나ˈˈ볜
은행 저쪽에 있어요.

yì zhí zǒu, dào hóng lǜ dēng, zuǒ guǎi jiù xíng
一直走, 到红绿灯, 左拐就行。
ˈ이ˌ즈ˌˌ조   ˈ따오ˌ홍ˈ뤼ˈˈ덩   ˌˌ줘ˈ과이ˈ죠ˌ싱
직진해서, 신호등에서 좌회전하면 돼요.

A wǒ bù zhī dao nǎr shì nǎr
我不知道哪儿是哪儿。
ˌˌ워ˈ부ˈˈ즈다오ˌˌ날ˈ스ˌˌ날
어디가 어딘지 모르겠어요.

bù guǎn zěn yàng, xiè xie
不管怎样, 谢谢!
ˈ부ˌˌ관ˌˌ쩐ˈ양   ˈ셰셰
어쨌든 감사합니다.

new word

- 银行 yín háng ˌ인ˌ항 은행
- 在 zài ˈ짜이 ~에 있다
- 那边 nà biān ˈ나비옌 저쪽
- 一直 yì zhí ˈ이ˌ즈 쭉, 곧장
- 走 zǒu ˌˌ조 가다
- 红绿灯 hóng lǜ dēng ˌ홍ˈ뤼ˈˈ덩 신호등
- 左拐 zuǒ guǎi ˌˌ줘ˈ과이 좌회전하다
- 行 xíng ˌ싱 되다, OK

银行在那边。

활용 연습
앞에서 배웠던 것을 활용하여 응용하는 시간!

1 在哪儿? '짜이„날 어디에 있어요?

누가 / 무엇이	있다	~에
妈妈 ''마마 엄마 车站 ''처'잔 정류장 老师 „라오''스 선생님 小明 „샤오,밍 샤오밍 钥匙 '야오스 열쇠	在 있다 '짜이	家 ''쟈 집 哪儿 „날 어디 图书馆 ,투''수,관 도서관 这儿 '절 여기 朋友家 ,펑요''쟈 친구집

2 这个人是谁? '저거,런'스,세이 이 사람 누구예요?

누가 / 무엇이	이다	누구 / 무엇
这个 '저거 이것 这 '저 이 사람 那张门票 ,나''장,먼''파오 그 표 那本书 ,나,번''수 그 책 这 '저 이 분	是 이다 '스	床 ,촹 침대 我的姐姐 „워더„제제 우리 언니 演唱会门票 „옌'창'훼이,먼'파오 콘서트티켓 图书馆的 ,투''수,관더 도서관꺼 我老师 „워,라오''스 우리 선생님

활용 연습
앞에서 배웠던 것을 활용하여 응용하는 시간!

3 到红绿灯左拐。 '따오,홍'뤼"덩,,쥐,,과이 신호등에 가서 좌회전하다

~에서

到 '따오

+

어디

学校 ,쉬에,'샤오 학교
明洞站 ,밍"동'잔 명동역
动物园 '똥'우,위엔 동물원
超市 "차오'스 슈퍼마켓
咖啡厅 "카"페이,팅 커피숍

+

어쩌하다

学习 ,쉬에,시 배우다
下车 '샤"처 하차하다
玩 ,완 놀다
买东西 ,마이"똥시 물건을 사다
喝咖啡 "허"카"페이 커피를 마시다

4 左拐就行。 ,,쥐,,과이'죠,싱 좌회전하면 된다

어쩌하다

吃药 "츠'야오 약을 먹다
学习 ,쉬에,시 배우다
跟朋友聊天儿 "껀,펑요,라오"탈 친구와 잡담하다
给爸爸打电话 ,게이'빠바,,따'뎬'화 아빠에게 전화를 걸다

+

~면 된다

就行 '죠,싱

기본 문법
기본적인 문법 정도는 알아야 입이 열린다!

지시 대명사 익히기

	이	그, 저	어느
~것	这个 '저거 이것	那个 '나거 그(저)것	哪个 ˝나거 어느 것
~사람	这个人 '저거,런 이사람	那个人 '나거,런 그(저) 사람	哪个人 ˝나거,런 어느 사람
~기	这儿 '절 여기	那儿 '날 거(저)기	哪儿 ˝날 어디
	这里 '저˝리 여기	那里 '나˝리 거(저)기	哪里 ˝나˝리 어디
~쪽	这边 '저"벤 이쪽	那边 '나"벤 그(저)쪽	哪边 ˝나"벤 어느 쪽
~런	这样 '저'양 이런	那样 '나'양 그(저)런	什么样 ,선머'양 어떤
~렇다	这样 '저'양 이렇다	那样 '나'양 그(저)렇다	怎么样 ˝전머'양 어떻다
~렇게	这么 '저머 이렇게	那么 '나머 그(저)렇게	怎么 ˝전머 어떻게

这, 那, 哪 는 각각 두 가지 발음이 있다.

这 : zhè '저, zhèi '제이
那 : nà '나, nèi '네이
哪 : nǎ ˝나, něi ˝네이

'~就行'의 용법

'行'은 목적어를 취할 수 없는 몇 안 되는 동사 중 하나이다. 뜻은 '된다, 할 수 있다'의 뜻이며, 흔히 영어의 'OK'의 뜻으로 많이 쓰인다. 그래서 '되나요?'란 표현은 '行不行?' '行吗?'이라고 한다. 이것이 '~就行'이란 구문을 만들면, 무조건 해석은 '~면 된다'로 해석한다.

五分钟就行。 ˝우"편˝종'죠,싱 5분이면 된다.
9点来就行。 ˝죠˝뗀,라이'죠,싱 9시에 오면 된다.
这样就行。 '저'양'죠,싱 이렇게 하면 된다.

도전 실력확인 하기

A 다음 예제 중 적당한 답을 골라 괄호를 채우시오.

> A 我明天给他打电话就行。
> B 在这儿。
> C 车站在那儿。
> D 这个人是我朋友。
> E 看他那么吃就行。
> F 这是我的书。

① 车站在哪儿？ 정거장이 어디에 있죠?　　　(　)

② 这个怎么吃？ 이거 어떻게 먹죠?　　　(　)

③ 哪个人是你的朋友？ 누가 너의 친구야?　　　(　)

④ 我的钥匙在哪儿？ 내 열쇠가 어디 있지?　　　(　)

⑤ 他知道你来吗？ 그는 너가 오는 거 알고 있니?　　　(　)

해답 166page

큰 소리로 열 번씩 따라 읽으면서 복습하자.

❶ ☑ ❷ ☐ ❸ ☐ ❹ ☐ ❺ ☐ ❻ ☐ ❼ ☐ ❽ ☐ ❾ ☐ ❿ ☐

1
好漂亮！这是哪儿？
hǎo piào liang! zhè shì nǎr   "하오'퍄오량 '저'스„날
예쁘다! 여기 어디에요?

2
这里是我老家，桂林。
zhè lǐ shì wǒ lǎo jiā guì lín   '저„리'스„워"라오"쟈 '꿰이,린
여긴 우리 고향 계림이야.

3
这个人是谁？
zhè ge rén shì shéi   '저'거„런'스„세이
이 사람은 누구에요?

4
银行在哪儿？
yín háng zài nǎr   ,인,항'짜이„날
은행이 어디에 있나요?

5
一直走，到红绿灯，左拐就到。
yìzhí zǒu dào hónglǜdēng zuǒ guǎi jiù dào   '이,즈„조 '따오,홍"뤼"덩 „줘„과이'죠'따오
직진해서 신호등에서 좌회전하면 돼요.

6
我不知道哪儿是哪儿。
wǒ bù zhī dao nǎr shì nǎr   „워'부"즈다오„날'스„날
어디가 어딘지 모르겠어요.

형용사와 부사

지금까지 주로 동사와 관련된 표현을 익혔다면 여기에서는 형용사에 대한 활용을 살펴 보자. 한국어에서는 동사와 형용사가 거의 비슷한 형태로 활용되지만, 중국어에서 형용사는 비교적 간단한 형태의 활용을 보여준다. 이 과에서는 가장 기본적인 표현들을 살펴 보자.

UNIT 09

会话 17

서로 음식 취향을 묻고 있네요.
가장 좋아하는 한국 음식은 뭔가요?

A nǐ xǐ huan chī hán guó cài ma
你喜欢吃韩国菜吗？
니 시환 츠 한 궈 차이 마
한국 음식 좋아하세요?

B xǐ huan wǒ zuì xǐ huan chī shāo kǎo
喜欢。我最喜欢吃烧烤。
시환 워 쮀이 시환 츠 사오 카오
좋아해. 불고기가 제일 좋아.

A bié de ne
别的呢？
베더너
다른 건요?

B pào cài yě hěn hǎo chī
泡菜也很好吃。
파오 차이 예 헌 하오 츠
김치도 아주 맛있어.

dàn yǒu diǎnr là   hái bù xí guàn
但有点儿辣。还不习惯。
딴 요 달 라   하이 부 시 관
근데 좀 매워서 아직 익숙치 않아.

new word

喜欢 xǐ huan 시환 ~하기 좋아하다
菜 cài 차이 요리, 음식
最 zuì 쮀이 가장
烧烤 shāo kǎo 사오 카오 불고기
别的 bié de 베더 다른
泡菜 pào cài 파오 차이 김치
但 dàn 딴 그렇지만
有点儿 yǒu diǎnr 요 달 조금
辣 là 라 맵다
习惯 xí guàn 시 관 익숙하다

会话 18

메뉴를 고르는 것이 항상 고민이죠
상대방의 의견을 존중하는 센스~

A 饿了吧? 今天我请客。去哪儿吃好呢?
è le ba   jīn tiān wǒ qǐng kè   qù nǎr chī hǎo ne
'어러바   "진"톈"워'칭'커   '취"날"츠"하오너
배고프지? 오늘은 내가 살게. 어디 가서 먹는 게 좋을까?

B 太好了。我要吃最贵的。
tài hǎo le   wǒ yào chī zuì guì de
'타이"하오러   "워'야오"츠"꿰이'꿰이더
잘 됐다. 제일 비싼 거 먹어야지.

A 可以。今天都听你的。
kě yǐ   jīn tiān dōu tīng nǐ de
"커"이   "진"톈"또"팅"니더
좋아. 오늘은 니 맘대로 해.

不要点太辣的东西。我胃特别疼。
bú yào diǎn tài là de dōng xi   wǒ wèi tè bié téng
'부'야오"뎬'타이'라더"똥시   "워'웨이'터"볘"텅
너무 매운 건 시키지 마. 나 지금 위가 많이 아파.

B 好的。我们去吃面条吧。
hǎo de   wǒ men qù chī miàn tiáo ba
"하오더   "워먼'취"츠'몐"탸오바
알았어. 우리 국수 먹으러 가자.

new word

饿 è '어 배고프다
请客 qǐng kè "칭'커 (밥 등을)사주다
贵 guì '꿰이 비싸다
点 diǎn "뎬 시키다, 주문하다
东西 dōng xi "똥시 물건, ~것
胃 wèi '웨이 위
特别 tè bié '터"볘 아주, 특별히
疼 téng "텅 아프다
面条 miàn tiáo '몐"탸오 국수

활용 연습

앞에서 배웠던 것을 활용하여 응용하는 시간!

1 有点儿辣。 "요"댤'라 조금 맵네요.

有点儿 ~ "요"댤 ~ 一点儿 '이"댤 ~ 一点儿吧 '이"댤바 太 ~ 了 '타이 러 ~ 了 러	=	길다(长 .창)	느리다(慢 '만)	좋다(好 "하오)
		좀 기네요.	좀 느리네요.	좀 좋네요.
		좀 길어요.	좀 느려요.	좀 좋아요.
		좀 길게 해주세요.	천천히 해주세요.	좀 잘 해주세요.
		너무 길어요.	너무 느려요.	너무 좋아요.
		길어졌어요.	느려졌어요.	좋아졌어요.

2 我喜欢吃韩国菜。 "워"시환"츠"한"궈'차이 전 한국음식 좋아해요.

누가		좋아하다		어찌하는 것을
我妈妈 "워"마마 엄마 我爸爸 "워'빠바 아빠 我哥哥 "워"꺼거 형 老师 "라오"스 선생님	+	喜欢 "시환	+	喝咖啡 "허"카"페이 커피를 마시다 看足球比赛 '칸"주"쵸"비'싸이 축구시합을 보다 跟朋友一起喝酒 "껀"펑요'이"치"허"죠 친구와 같이 술을 마시다 去旅行 '취"뤼"싱 여행을 가다

활용 연습
앞에서 배웠던 것을 활용하여 응용하는 시간!

3. 不要点太辣的东西。 ,부'야오,,뗀'타이'라더"똥시 너무 매운 건 시키지 마.

하지 마라

不要 ,부'야오

+

어찌하다

叫 '쟈오 부르다
买 ,,마이 사다
花 "화 쓰다
吃 "츠 먹다
做 '쮀 하다

+

무엇을

妈妈 "마마 엄마
太贵的衣服 '타이'꿰이더"이푸 너무 비싼 옷
太多钱 '타이"뚸,쳰 너무 많은 돈
辣的 '라더 매운 것
这么难的 '저머,난더 이렇게 어려운 것

4. 去哪儿吃好呢? '취,,날"츠,하오너 어디 가서 먹으면 좋을까?

어찌하다

买 ,,마이 사다
问 '원 묻다
什么时候去 ,선머,스호'취 언제 가다
给 ,,게이 주다
怎么办 ,,전머'빤 어떻게 하다

+

~에게, 무엇을

什么 ,선머 무엇
谁 ,세이 누구
学校 ,쉬에'샤오 학교
哪个人 ,나거,런 어떤 사람

+

~면 좋을까

好呢? ,,하오너

기본 문법

기본적인 문법 정도는 알아야 입이 열린다!

형용사의 활용법

很~	헌 ~어떠하다	很漂亮	헌 파오량 예쁘다
有点儿~	요 댤 조금 어떠하다	有点儿小	요 댤 샤오 좀 작다
~一点儿	이 댤 조금 어떠하다	大一点儿的	따 이 댤더 좀 큰 것
一点儿吧	이 댤바 어떻게 해 주세요	便宜点儿吧	펜 이 댤바 싸게 좀 해주세요
太~了	타이 러 너무 어떠하다	太黑了	타이 헤이러 너무 까맣다
~了	러 ~해졌다	胖了	팡러 뚱뚱해졌다
非常~	페이 창 아주 어떠하다	非常快	페이 창 콰이 아주 빠르다
特别~	터 볘 아주 어떠하다	特别高兴	터 볘 까오 싱 아주 기쁘다
最~	쮀이 가장 어떠하다	最远	쮀이 위엔 가장 멀다

- '有点儿~'과 '~一点儿'은 형용사의 위치를 조심할 것. 뜻은 거의 비슷하게 쓰이나 '~한 것'에는 '一点儿'이 많이 쓰이고, 불만을 나타내는 '좀 어떠하다'일 때는 '有点儿'을 더 많이 쓴다.

- 형용사 + 一点儿은 두 가지 뜻이 있다. 하나는 '조금 어떠하다'와 동사처럼 사용되는 '어떻게 해 주세요'이다. 이를 구분하기 위해서는 후자의 一点儿 뒤에 '吧'를 붙이는 방법이 있다.

- 형용사에 쓰이는 '了'는 동사의 '了'와 다르다. 과거의 뜻을 나타내는 것이 아니라, 단순하게 어감을 나타내거나 (太黑了), '~해졌다'의 뜻에 쓰인다. 한국어의 '어떠했었다'란 뜻은 없다.

- 很은 형용사 앞에 자주 쓰이며, 강조해서 읽지 않는 이상 별 뜻은 없다. 사전적인 의미는 '아주'이나, 일반적으로 형용사가 혼자 오는 걸 싫어해서 같이 나오는 경우가 더 많다. '아주'라고 강조하고 싶으면 읽을 때 '흐으언'이라고 길게~

A 나열된 단어를 이용하여 문장을 완성하시오.

① 韩国菜 / 你 / 喜欢 / 吗 / 吃
→ _____ 너는 한국음식을 좋아하니?

② 在这儿 / 不要 / 你 / 玩儿
→ _____ 여기서 놀지 마라

③ 有点儿 / 辣 / 这个菜
→ _____ 이 요리는 약간 맵다

④ 这个 / 一点儿 / 小 / 桌子
→ _____ 이 탁자는 약간 작다

B 다음 대화를 완성하시오.

① Q 你喜欢吃什么? 너 먹는 거 뭐 좋아해?
A _____ 。

② Q 今天吃的菜怎么样? 오늘 먹은 요리 어때?
A _____ 。

③ Q 你的生日你想跟朋友去哪儿吃饭?
너 생일에 친구랑 어디 가서 밥 먹을 거야?
A _____ 。

해답 166page

큰 소리로 열 번씩 따라 읽으면서 복습하자.

❶ ☑ ❷ ☐ ❸ ☐ ❹ ☐ ❺ ☐ ❻ ☐ ❼ ☐ ❽ ☐ ❾ ☐ ❿ ☐

1
你喜欢吃韩国菜吗?
nǐ xǐ huan chī hán guó cài ma 니 시환 츠,한,궈 차이마
한국 음식 좋아하세요?

2
我最喜欢吃烧烤。
wǒ zuì xǐ huan chī shāo kǎo 워 쮀이 시환 츠 사오 카오
불고기가 제일 좋아.

3
泡菜也很好吃。
pào cài yě hěn hǎo chī 파오 차이 예 헌 하오 츠
김치도 아주 맛있어.

4
我要吃最贵的。
wǒ yào chī zuì guì de 워 야오 츠 쮀이 꿰이더
제일 비싼거 먹어야지.

5
今天都听你的。
jīn tiān dōu tīng nǐ de 진 톈 또 팅 니더
오늘은 너 마음대로 해.

6
不要点太辣的东西。
bú yào diǎn tài là de dōng xi 부 야오 뎬 타이 라더 똥시
너무 매운 건 시키지 마.

방향

방향을 나타내는 말로는 아래, 위, 앞, 뒤, 좌, 우, 안, 밖 등이 있다. 그리고 이를 명사로 만들어 주는 방법이 있고 장소이기 때문에 자주 만나게 되는 전치사들도 있다. 방향을 나타내는 방위명사들은 항상 기억해 두고 있으면 아주 편리하므로 외워 두는 것이 좋다.

UNIT 10

꽃샘추위는 겨울바람보다 무섭죠~
감기걸리지 않게 따뜻하게 입어요!

mp3 track unit 10

hǎo lěng a
A 好冷啊!
"하오"렁 아
으, 추워!

lěngma　　wài bian hěn nuǎn huo
B 冷吗? 外边很暖和。
"렁마　　'와이볜"헌"놘훠
추워? 밖은 따뜻한데.

chūn tiān jiù shì zhè yàng
A 春天就是这样。
"춘"톈'죠'스'저'양
봄엔 원래 그래.

wài bian nuǎn huo lǐ bian lěng
外边暖和，里边冷。
'와이볜"놘훠　　"리볜"렁
밖은 따뜻하고, 안은 춥고.

duō chuān diǎnr yī fu ba　　xiǎoxīn gǎnmào
B 多穿点儿衣服吧。小心感冒。
"뚸"촨"댤"이푸바　　"샤오"신"간'마오
옷 좀 많이 입어. 감기 걸리지 않게 조심해.

※ 边을 읽을 때 따로 표기가 없어도
　북경에서는 'biānr, 비열'로 발음한다.

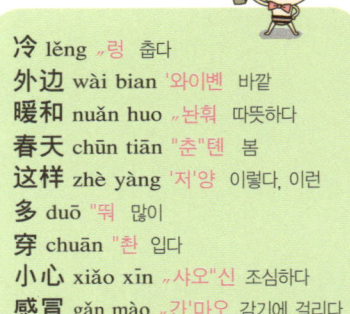

new word

冷 lěng "렁 춥다
外边 wài bian '와이볜 바깥
暖和 nuǎn huo "놘훠 따뜻하다
春天 chūn tiān "춘"톈 봄
这样 zhè yàng '저'양 이렇다, 이런
多 duō "뚸 많이
穿 chuān "촨 입다
小心 xiǎo xīn "샤오"신 조심하다
感冒 gǎn mào "간'마오 감기에 걸리다

찾고 있는 물건의 위치와 방향을 나타내는 아주 유용한 표현입니다.

A bīng xiāng lǐ yǒu shuǐ guǒ ma
冰箱里有水果吗？
"삥"샹 리 요 쉐이 궈마
냉장고 안에 과일 있어?

B hǎo xiàng méi yǒu zhǎo yi zhǎo
好像没有，找一找。
'하오'샹, 메이 요   자오이 자오
없는 거 같은데. 찾아 봐.

zhuō zi shàng yǒu niú nǎi
桌子上有牛奶。
"쥐즈'상 요 뇨 나이
탁자 위에 우유 있어.

yào bu rán hē nà ge
要不然喝那个。
'야오부 란"허'나거
아니면 그거 마셔.

A bú yòng le   wǒ hē niú nǎi,   dù zi téng
不用了。我喝牛奶，肚子疼。
부 용러   "워"허 뇨 나이   '뚜즈'텅
괜찮아. 나 우유 마시면 배 아퍼.

冰箱 bīng xiāng "삥"샹 냉장고
里 lǐ 리 안
水果 shuǐ guǒ 쉐이 궈 과일
好像 hǎo xiàng 하오'샹 ~한 것 같다
找 zhǎo 자오 찾다
桌子 zhuō zi "쥐즈 테이블, 탁자
牛奶 niú nǎi 뇨 나이 우유
要不然 yào bu rán '야오부 란 아니면
肚子 dù zi '뚜즈 배

103

활용 연습
앞에서 배웠던 것을 활용하여 응용하는 시간!

1. 桌子上有牛奶。 "쥐즈'상„요„뇨„나이   책상에 우유 있어요.

어디에
- 屋里 "우„리 집안
- 书包里 "수"바오„리 책가방안
- 我房间里 „워„팡"젠„리 내 방안
- 冰箱里 "삥"샹„리 냉장고안

\+

있다 / 없다
- 有 있다 „요
- 没有 없다 ‚메이„요

\+

무엇이
- 钥匙 'ㅑ오스 열쇠
- 钱包 „첸"바오 지갑
- 床和桌子 „촹„허"쥐즈 침대와 책상
- 水 „쉐이 물

2. 多穿点儿衣服吧。 "뛰'촨„댤"이푸바   옷을 많이 좀 입으세요.

많이 / 적게
- 多 "뛰 많이
- 少 „사오 적게

\+

어찌하다
- 喝 "허 마시다
- 吃 "츠 먹다
- 给 „게이 주다
- 看 'ㅋ칸 보다
- 听 "팅 듣다
- 买 „마이 사다

\+

좀
- 一点儿 'ㅣ„댤

\+

무엇을
- 茶 „차 차
- 甜的 „텐더 단 것
- 钱 „첸 돈
- 电视 'ㄷ뎬"스 텔레비전
- 别人的话 „베„런더'화 다른 사람의 말
- 化妆品 '화"쫭„핀 화장품

\+

해라
- 吧! 바

활용 연습
앞에서 배웠던 것을 활용하여 응용하는 시간!

3 好像没有。 „하오'샹„메이„요   없는 것 같은데

~것 같다

好像 „하오'샹

\+

어찌하다

不是他 „부'스"타   그 사람이 아닌 것 같다
没有人 „메이„요„런   아무도 없는 것 같다
下雨了 '샤„위러   비가 오는 것 같다
有人叫我 „요„런'쟈오„워   누가 날 부르는 것 같다

4 我喝牛奶, 肚子疼。 „워"허„뇨„나이'두즈„텅   우유 마시면 배가 아파.

어찌하다

你不来 „니'부„라이
下雨 '샤„위
你不吃 „니'부"츠
天气好 "텐'치„하오
有时间 „요„스"젠

\+

어찌하다(어찌하면 어찌하다)

我也不去 „워"예„부'취   네가 안 오면 나도 안 간다
我不去 „워„부'취   비가 오면 나는 안 간다
我吃 „워"츠   네가 안 먹으면 내가 먹는다
我们都去 „워먼"도'취   날씨가 좋으면 우리 다 간다
一起吃饭 '이„치"츠'판   시간 있으면 같이 밥 먹자

기본 문법
기본적인 문법 정도는 알아야 입이 열린다!

방위사

방위사는 혼자서 명사의 역할을 할 수 없는 의존 명사이다. 그래서 주어나 목적어가 될 때 반드시 **边儿, 面**과 같이 쓰이며, 그 외에는 명사의 뒤에서 방위를 나타내 주기도 한다.

		~边	~面	명사
앞	前 qián	앞	앞쪽	桌子前边 "쥐즈˛첸볜" 책상 앞
뒤	后 hòu	뒤	뒤쪽	车后边 "처˛호볜" 차 뒤
위	上 shàng	위	위쪽	床上 ˛창˚상 침대 위
아래	下 xià	아래	아래쪽	床下 ˛창˚샤 침대 밑
좌	左 zuǒ	왼쪽	*	路左边 ˚루˛쥐볜 길 왼쪽
우	右 yòu	오른쪽	*	路右边 ˚루˚요볜 길 오른쪽
안	里 lǐ	안	안쪽	屋里 "우˛리 집 안
밖	外 wài	밖	바깥쪽	窗外 "창˚와이 창문 밖

자주 쓰는 용법

在 ~에 있다 : **在**前边儿 앞에 있다 / 右边儿 오른쪽 / 后面 뒤 / 床上 위
˚짜이˛첸볜   ˚요볜   ˚호몐   ˛창˚상

有 ~이 있다 : 路右边**有**麦当劳 ˚루˚요볜˚요˚마이"당˛라오 오른쪽에 맥도날드가 있다.
车后边**有**人 "처˚호볜˚요˛런 차 뒤에 사람이 있다.

형용사 多와 少의 또 다른 용법

형용사 **多**와 **少**는 각각 '많다'와 '적다'의 뜻이 있다. 하지만 동사 앞에서 부사어 역할을 할 때는 각각 '많이'와 '적게'의 뜻으로 해석한다. **很少**~일 때는 '거의 ~ 하지 않다'의 뜻이다.

多	很多 ˛헌"둬 많다	不多 ˚부"둬 많지 않다	多吃 "츠˚둬 많이 드세요	
少	很少 ˛헌˛사오 적다	不少 ˚부˛사오 적지 않다	少吃 ˛사오"츠 조금만 드세요	很少吃 ˛헌˛사오"츠 거의 안 먹다

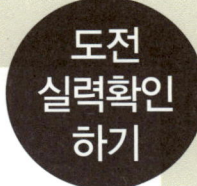

A 나열된 단어를 이용하여 문장을 완성하시오.

> 想 / 在 / 给 / 边 / 里

❶ 房间(　　　)有我的钱包。 방안에 내 지갑이 있다

❷ 银行的左(　　　)有一个面包店。 은행의 왼쪽에 빵집이 하나 있다

❸ 我(　　　)告诉妈妈我没有事儿。
나는 엄마에게 아무 일 없다고 말하고 싶다

❹ 昨天我(　　　)地铁站见了我的朋友。
어제 나는 지하철역에서 내 친구를 만났다

❺ 昨天是你爸爸的生日，(　　　)他打电话了吗？
어제 너의 아빠 생신인데, 아빠에게 전화 드렸니?

B 다음 문장의 순서를 배열해 해석하세요.

❶ 我 / 去学校 / 学习 / 昨天 / 了

_____。어제 나는 학교에 가서 공부했다

❷ 今天 / 在家 / 吃饭 / 跟朋友

_____。오늘 집에서 친구와 밥을 먹었다

❸ 吃泡菜 / 胃疼 / 我 / 也

_____。김치를 먹으면 나도 위가 아프다

해답 166page

큰 소리로 열 번씩 따라 읽으면서 복습하자.

❶ ✓ ❷ ☐ ❸ ☐ ❹ ☐ ❺ ☐ ❻ ☐ ❼ ☐ ❽ ☐ ❾ ☐ ❿ ☐

1
外边暖和，里边冷。
wài bian nuǎn huo lǐ bian lěng   '와이'볜 ˌ놘훠 ˌ리볜ˌ렁
밖은 따뜻하고 안은 춥다.

2
多穿点儿衣服吧。小心感冒。
duō chuān diǎnr yīfu ba xiǎoxīn gǎnmào "뚸"촨ˌ댤"이푸바 ˌ샤오"신ˌ간'마오
옷 좀 많이 입어. 감기 걸리지 않게 조심해.

3
冰箱里有水果吗?
bīng xiāng lǐ yǒu shuǐ guǒ ma "삥"샹ˌ리ˌ요ˌ쉐이ˌ궈마
냉장고 안에 과일 있어?

4
好像没有，找一找。
hǎo xiàng méi yǒu zhǎo yi zhǎo ˌ하오'샹ˌ메이ˌ요 ˌ자오이ˌ자오
없는 거 같은데 찾아봐.

5
桌子上有牛奶。
zhuō zǐ shàng yǒu niú nǎi   "쥐즈'상ˌ요ˌ뇨ˌ나이
탁자 위에 우유 있어.

6
我喝牛奶，肚子疼。
wǒ hē niú nǎi dù zi téng   ˌ워"허ˌ뇨ˌ나이 '뚜즈ˌ텅
나 우유 마시면 배 아퍼.

~한 적이 있다

과거의 경험은 영어의 과거 완료형과 비슷한 면도 있다. 한국어로 번역을 하면 '~한 적이 있다', '~해 봤다'의 뜻으로 해석된다. 동사의 활용은 앞에서 본 대로 굉장히 간단한 형태를 띄고 있다. 여기에서도 간단하게 한 단어만 넣어서 만드는 방법을 익혀보자.

UNIT 11

친구와의 약속을 어긴 친구가 있네요
무슨 일이 생긴건 아닐까요?

A nǐ zuó tiān jiàn guo xiǎo míng ma
你昨天见过小明吗?
니,쥐"톈'젠궈,,샤오,밍마
너 어제 샤오밍 봤어?

B méi yǒu yǒu shén me shìr ma
没有。有什么事儿吗?
,메이,,요 ,요,선머'설마
아니. 무슨 일 있어?

A zuó tiān wǒ děng le tā bàn tiān tā méi yǒu lái
昨天我等了他半天, 他没有来。
,쥐"톈,,워,덩러"타'빤"톈   "타,메이,,요,라이
어제 한참을 기다렸는데, 안 왔어.

B nǐ gěi tā dǎ guo diàn huà ma
你给他打过电话吗?
,,니,,게이"타,,따궈'뎬'화마
전화 해 봤어?

A cóng zǎoshang dào xiànzài yìzhí dǎ
从早上到现在一直打。
,총,,자오샹'따오'셴'자이'이,즈,,따
아침부터 지금까지 계속 했어.

---

new word

见 jiàn '젠 만나다, 보다
过 guo 궈 ~한 적이 있다
什么事儿 shén me shìr ,선머'설 무슨 일
等 děng ,,덩 기다리다
半天 bàn tiān '빤"톈 반나절, 한참
从 cóng ,총 ~부터
到 dào '따오 ~까지
早上 zǎo shang ,,자오샹 아침
一直 yìzhí '이,즈 계속

会话 22

누가 나를 애타게 찾고 있다면
약속을 잊던 잊지 않았던 빨리 연락해야죠

mp3 track unit 11

A xiǎo míng nǐ zuó tiān zěn me huí shìr   zhèng hào yìzhí zhǎo nǐ
小明，你昨天怎么回事儿？正浩一直找你。
샤오밍 니 쮀톈 전머 훼이설   정하오 이즈 자오 니
샤오밍, 너 어제 어떻게 된 거야? 정호가 계속 찾고 있어.

B wǒ shàng ge xīng qī gàosu guo tā   nà tiān wǒ yǒu shì bù néng qù
我上个星期告诉过他。那天我有事，不能去。
워 상거 싱 치 까오수궈 타   나톈 워 요스   뿌 넝 취
나 저번 주에 얘기했는데. 그 날 일이 있어서 못 간다고.

A tā kě néng wàng le ba
他可能忘了吧。
타 커 넝 왕 러 바
잊어버렸겠지.

nǐ kuài diǎnr gěi tā dǎ ge diàn huà ba
你快点儿给他打个电话吧。
니 콰이 달 게이 타 따거 뎬 화 바
얼른 전화해 줘.

new word

怎么回事 zěn me huí shì	전머 훼이스 어떻게 된 거야?			
上个星期 shàng ge xīngqī	상거 싱치 저번 주			
告诉 gào su	까오수 알려주다	那天 nà tiān	나톈 그날	
可能 kě néng	커 넝 아마도	忘 wàng	왕 잊다	吧 ba 바 ~겠지

111

활용 연습
앞에서 배웠던 것을 활용하여 응용하는 시간!

1 给他打过电话。 게이 타 따궈 뎬화 그에게 전화를 해 봤다.

跟他说 껀 타 슈 그에게 말하다 去年去 취 녠 취 작년에 가다 以前听 이 첸 팅 전에 듣다 看 칸 보다 聊 랴오 잡담하다	+ 过 궈 +	我的事儿 워더 설 나의 일 香港 샹 강 홍콩 这个音乐 저거 인 위에 이 음악 这本书 저 번 수 이 책 很长时间 헌 창 스 젠 긴 시간

2 从早上到现在一直打。 총 자오상 따오 셴 자이 이 즈 따 아침부터 지금까지 계속 걸었다.

从 총 부터	去年 취 녠 작년 上海 상 하이 상해 这儿 절 여기 第一个人 띠 이거 런 첫 번째 사람 过去 궈 취 과거	到 따오 까지	今年 진 녠 올해 杭州 항 조 항주 那儿 날 저기 第五个人 띠 우거 런 다섯 번째 사람 现在 셴 자이 현재

활용 연습
앞에서 배웠던 것을 활용하여 응용하는 시간!

3 告诉 '까오수 A B   A에게 B를 알려 주다.

알려주다

告诉 '까오수

+

누구에게

她 "타 그녀
妈妈 "마마 엄마
老师 „라오"스 선생님
大家 '따"쟈 모두

+

무엇을

我的电话号码 „워더'뎬'화'하오„마 나의 전화번호
卡的密码 „카'미„마 카드 비밀번호
我什么时候到 „워‚선머‚스호'따오 내가 언제 도착
今天休息 "진"톈"쑈시 오늘 휴식

4 可能忘了吧。„커‚넝'왕러바   잊어 버렸겠지.

무엇 / 누구

她 "타 그녀
今天我 "진"톈„워 오늘 나
明天 „밍"톈 내일
明年 „밍‚녠 내년
这个 '저거 이것

+

~일지도

可能 „커‚넝

+

어쩌하다

不知道 '부'즈'다오 모른다
迟到 „츠'다오 지각하다
下雨 '샤"위 비가 오다
要去北京 '야오'취"베이"징 북경에 가야한다
有点儿难 „요„댤„난 조금 어렵다

기본 문법
기본적인 문법 정도는 알아야 입이 열린다!

동사+형용사+过

동사나 형용사 뒤에 '过'를 쓰면 '~한 적이 있다' 혹은 '~했었다'의 뜻이 된다. '~한 적이 있다'의 뜻일 때는 '了'와 같이 쓰이지 않으며, '~했었다'의 뜻일 때는 가끔 쓰이는 경우가 있으니, 같이 쓰지 않는 것이 안전한 방법이다.

我吃过中国菜。 워˝츠궈˝중˛궈'차이 나는 중국 요리를 먹어 본 적이 있다.

我去过上海。 워'취궈˝상˛하이 난 상해에 가 본 적이 있다.

我昨天在那儿见过他。 워˛줘˝텐˝짜이'날˛젠궈˝타 어제 거기에서 그를 봤었다.

从 A 到 B

'~에서 ~까지'의 뜻이다. 시간이나 장소를 나타내는 말이 자주 온다. 가끔 회화에서는 从은 생략하고 'A 到 B'만 쓰기도 한다.

从星期一到星期五，我上课。 ˛총˝싱˝치'이'따오˝싱˝치˛우 ˛워'상커
월요일부터 금요일까지 수업을 한다.

从这儿到那儿要多长时间? ˛총'절'따오'날'야오˛뚸˛창˛스˝젠
여기에서 거기까지 얼마나 걸려요?

从三点到五点我去打网球。 ˛총˝싼˛뎬'따오˛우˛뎬˛워'취˛따˛왕˛쵸
3시에서 5시까지 나는 테니스를 친다.

首尔到北京要多长时间? ˛소˛얼'따오˝베이˝징'야오˝뚸˛창˛스˝젠
서울에서 북경까지 얼마나 걸려요?

可能과 吧

可能은 '~할 수 있다'의 뜻과 '~일지도 모른다'의 두 가지 뜻이 있다. 그 중 더 많이 쓰이는 뜻은 '~일지도 모른다'이다. 가능성의 정도는 50~60% 정도로 보는 것이 적당하다. '吧'는 '~하자, 해라'의 뜻과 '~겠지요'의 뜻이 있다.

他可能不来。 ˝타˛커˛넝'부˛라이 그 사람 안 올 수도 있어.

可能是我的朋友。 ˛커˛넝'스˛워더˛펑요 내 친구일지도 몰라.

不是你吧? ˛부'스˛니바 너는 아니지?

A

다음 보기에서 괄호에 적당한 말을 골라 쓰시오.

> 过 / 吧 / 可能 / 从 / 到

① （　　） 八点到九点，我每天在公园散步。
여덟 시부터 아홉 시까지 나는 매일 공원에서 산책한다

② 走（　　），我请客。
가자, 내가 쏠게

③ 首尔（　　）北京坐飞机要坐两个小时。
서울에서 북경까지 비행기로 두 시간 타야 돼

④ 我去（　　）中国，但是到中国我一直肚子疼。
나는 중국에 갔었어, 그런데 중국에 가서 계속 배가 아팠어

⑤ 今天晚上（　　）要下雨，你带伞去。
오늘 저녁에 아마 비가 올테니 우산 가지고 가

B

다음 질문에 대답하시오.

① Q 你去过中国吗？　A → _____。
나 중국 못 가봤어

② Q 你吃过中国菜吗？　A → _____。
나는 중국 요리 먹어봤어

③ Q 你喝过酒吗？　A → _____。
나는 술 마셔봤어

④ Q 你去过济州岛吗？　A → _____。
나는 제주도 못 가봤어

⑤ Q 你看过今天早上的报纸吗？
　　A → _____。
나는 봤어

해답 166page

큰 소리로 열 번씩 따라 읽으면서 복습하자.

❶ ✓ ❷ ☐ ❸ ☐ ❹ ☐ ❺ ☐ ❻ ☐ ❼ ☐ ❽ ☐ ❾ ☐ ❿ ☐

1
你昨天见过小明吗?
nǐ zuó tiān jiàn guo xiǎo míng ma 니,쥬"톈"젠궈,샤오,밍마
너 어제 샤오밍 봤어?

2
昨天我等了他半天, 他没有来。
zuó tiān wǒ děng le tā bàn tiān tā méi yǒu lái 쥬"톈,워,덩러"타'빤"톈 "타,메이,요,라이
어제 한참을 기다렸는데, 안 왔어.

3
从早上到现在一直打。
cóng zǎoshang dào xiànzài yìzhí dǎ 총,자오상'따오'셴'자이'이,즈,따
아침부터 지금까지 계속 했어.

4
你昨天怎么回事儿?
nǐ zuó tiān zěn me huí shìr 니,쥬"톈,전머,훼이'설
너 어제 어떻게 된 거야?

5
我上个星期告诉过他。
wǒ shàng ge xīng qī gàosu guo tā 워'상거"싱"치'까오수궈"타
나 저번주에 이야기 했는데.

6
他可能忘了吧。
tā kě néng wàng le ba "타,커,넝'왕러바
잊어버렸겠지.

동량사

명사를 셀 때 쓰이는 '마리, 권, 장' 등 명사의 양을 세는 품사라 해서 명량사라고 한다. 마찬가지로 동사도 '한 번, 조금, 잠시' 등 양을 세는 품사가 있다. 이를 동량사라 하며 시간을 나타내기도 하고, 동작의 횟수를 나타내기도 하고, 시간의 양을 나타내기도 한다. 이 과에서는 동사의 양을 나타내는 가장 일반적이고 많이 쓰이는 '~좀 해주세요'에 해당하는 말을 배워보도 하자.

UNIT 12

会话 23

사무실에서 무거운 짐을 든 여직원 대신 짐을 들어주는 일은 신사다운 행동이네요

A kàn qǐ lai hěn chén a　wǒ bāng nǐ ná
看起来很沉啊。我帮你拿。
'칸„치라이„헌‚천아　„워"빵„니‚나
보기에 꽤 무거워 보이네. 내가 들어 줄게.

B bú yòng le　xiè xie
不用了, 谢谢!
‚부'용러　'셰셰
괜찮아요, 감사합니다.

bāng wǒ kāi yí xià mén　hǎo ma
帮我开一下门, 好吗?
"빵„워"카이‚이'샤‚먼　„하오마
문 좀 열어 주실래요?

A hǎo de　hái shi wǒ ná ba
好的。还是我拿吧。
„하오더　‚하이스„워‚나바
알았어. 역시 내가 드는 게 낫겠다.

B nà wǒ jiù bú kè qi le
那我就不客气了。
'나„워'죠‚부'커치러
그럼 사양 안 할게요.(감사합니다)

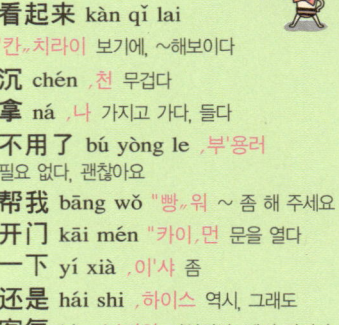

看起来 kàn qǐ lai　'칸„치라이　보기에, ~해보이다
沉 chén　‚천　무겁다
拿 ná　‚나　가지고 가다, 들다
不用了 bú yòng le　‚부'용러　필요 없다, 괜찮아요
帮我 bāng wǒ　"빵„워　~ 좀 해 주세요
开门 kāi mén　"카이‚먼　문을 열다
一下 yí xià　‚이'샤　좀
还是 hái shi　‚하이스　역시, 그래도
客气 kè qi　'커치　사양하다, 예의 차리다
不~了 bù~le　'부~러　안 ~하겠다

会话 24

지퍼가 고장나서 난감한 상황
친절한 아저씨가 빨리 해주신다니 다행이네요

A shī fu lā liàn huài le qǐng gěi wǒ xiū yí xià
师傅，拉链坏了。请给我修一下。
"스푸 "라'렌'화이러 "칭"게이"워"쇼"이'샤
아저씨 지퍼가 고장났어요. 좀 고쳐 주세요.

B zhè ge bù néng xiū zhǐ néng huàn bié de le
这个不能修。只能换别的了。
'저거'부"넝"쇼 "즈"넝'환"베더러
이거는 못 고쳐요. 다른 걸로 바꿔야 해요.

A shén me shí hou kě yǐ qǔ
什么时候可以取？
"선머"스호"커"이"취
언제 찾을 수 있어요?

B hěn kuài děng yí huìr jiù xíng
很快。等一会儿就行。
"헌'콰이 "덩"이'휠'죠"싱
금방 돼요. 잠깐 기다리면 돼요.

new word

师傅 shī fu "스푸 아저씨
坏了 huài le '화이러 고장 났다
修 xiū "쇼 고치다
换 huàn '환 바꾸다
一会儿 yí huìr "이'휠 잠깐(시간)
~就行 jiù xíng '죠"싱 ~면 된다

拉链 lā liàn "라'렌 지퍼
给我 gěi wǒ "게이"워 ~해 주세요
只能 zhǐ néng "즈"넝 ~할 수 밖에 없다
取 qǔ "취 (맡긴 것을) 찾다

활용 연습
앞에서 배웠던 것을 활용하여 응용하는 시간!

1 帮我开一下门。 "빵"워"카이"이"샤,먼 문 좀 열어 주세요.

2 看起来很沉。 '칸"치라이"헌"천 무거워 보이네요.

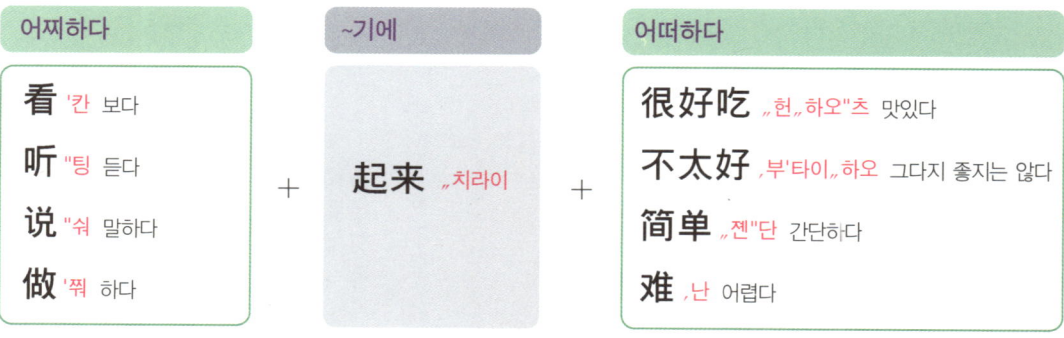

활용 연습
앞에서 배웠던 것을 활용하여 응용하는 시간!

3. 只能换别的了。 „즈‚넝'환‚베더러 다른 걸로 바꾸는 수 밖에 없어.

~수 밖에 없다

只能 „즈‚넝

+

어찌하다 (어찌하는 수 밖에 없다)

我一个人去 „워‚이거‚런'취 혼자 가는 수 밖에 없다
这样了 '저'양러 이렇게 하는 수 밖에 없다
用这个 '용'저거 이걸 쓸 수 밖에 없다
听你的 "팅„니더 네 말을 들을 수 밖에 없다

4. 等一会儿就行。 „덩‚이'훨'죠‚싱 잠깐만 기다리면 돼요.

어찌하다

明天来 ‚밍"텐‚라이 내일 오시면
学一个月 ‚쉬에‚이거'위에 한 달만 배우시면
吃点儿药 "츠„달'야오 약 좀 먹으면
给我十块 ‚게이‚워‚스'콰이 저한테 10원 주시면
给我打电话 ‚게이‚워‚따'뎬‚화 나한테 전화하면
明天交 ‚밍"텐"쟈오 내일 내시면

+

~면 된다 (어찌하면 된다)

就行 '죠‚싱

기본 문법

기본적인 문법 정도는 알아야 입이 열린다!

동량사

一下, 一会儿, 一点儿

가장 대표적인 동량사로, 각각 횟수, 시간, 양을 나타낸다. 동사 뒤에 쓰여 동사 자체를 '~좀(잠깐) 하세요' 혹은 '~ 좀(잠깐) 할게요'의 뜻을 나타낸다.

	뜻	용법	예문
一下	한 번	동작의 횟수	看一下 '칸'이'샤 한 번 보세요
一会儿	잠깐	시간적으로 잠깐	看一会儿 '칸'이'훨 잠깐만 보세요
一点儿	조금	양적으로 조금	看一点儿 '칸'이'댤 조금만 보세요

你等一会儿。 „니„덩„이'훨 잠깐만 기다리세요.
我看一下这个。 „워'칸„이'샤'저거 이거 좀 볼게요.
你吃一点儿吧。 „니"츠'이„댤바 좀 드셔 보세요.

了의 용법

중국어에서 '了'는 꽤 골치 아픈 조사이다. 조사라 함은 문장의 태(수동, 피동)나 시제, 진행 등을 만들어 주는 품사이다. 조사는 크게 구조조사와 어기조사로 나뉜다. 구조조사는 위에서 말한 문법적인 의미를 지닌 조사이고, 어기조사는 전체적인 문장의 어감만 전달해주는 조사이다. 앞 과에서 배운 '过'도 대표적인 구조조사이다. 그러나 '了'는 구조조사의 역할도 하고 어기조사의 역할도 한다. 구조조사일 때는 배운 대로 '~했다'의 뜻으로 과거 시제를 만들어 주고, 어기 조사일 때는 '~었다'처럼 과거시제로도 쓰이나 변화, 의지, 가능성 등을 나타내는데도 쓰인다. 다음은 구조조사 '了'와 어기조사 '了'에 대한 비교이다.

	구조조사 了	어기조사 了
위치	동사의 바로 뒤	문장의 끝
의미	과거, 완료	완료, 변화, 의지 등 다양

일반적으로 회화에서는 과거에 일어난 사실을 얘기할 때 구조조사와 어기조사를 모두 쓰는 경우가 많다.

我丢手机 - 我丢了手机 - 我丢手机了 - 我丢了手机了
„워"됴„소"지 „워"됴러„소"지   „워"됴„소"지러   „워"됴러„소"지러
나는 핸드폰을 잃어버렸다.

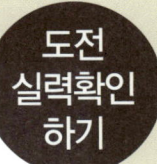

A 다음 보기에서 괄호에 적당한 말을 골라 쓰시오.

> 就 / 一下 / 一点儿 / 一会儿 / 只能

❶ 这个太少, 再给我 (　　). 너무 적어, 조금 더 줘
❷ 等我 (　　), 等我五分钟. 잠깐 기다려, 5분이면 돼
❸ 今天下雨不能去, (　　) 明天去. 오늘은 비가 와서 내일 갈 수 밖에 없어
❹ 帮我买 (　　) 苹果. 사과 조금 사는 것 도와줘
❺ 问老师 (　　) 行. 선생님께 물어보면 돼

B 보기와 같이 문장을 변환시키시오.

> 帮我买苹果(一点儿) → 帮我买一点儿苹果
> 사과 사는 것 도와줘(조금)　　　사과 조금 사는 것 도와줘

❶ 多吃水果(点儿) → _____
과일 조금 많이 먹어

❷ 帮我接电话(一下) → _____
전화 한 번 받아줘

❸ 少喝酒(点儿) → _____
술 조금 적게 마셔

❹ 帮我看孩子(一会儿) → _____
아이 보는 것 잠깐 도와줘

해답 166page

큰 소리로 열 번씩 따라 읽으면서 복습하자.

❶ ✓ ❷ ☐ ❸ ☐ ❹ ☐ ❺ ☐ ❻ ☐ ❼ ☐ ❽ ☐ ❾ ☐ ❿ ☐

1
看起来很沉啊。
kàn qǐ lai hěn chén a '칸„치라이„헌‚천아
보기에 꽤 무거워 보이네.

2
帮我开一下门, 好吗?
bāng wǒ kāi yí xià mén hǎo ma "빵„워"카이‚이'샤‚먼 „하오마
문 좀 열어 주실래요?

3
还是我拿吧。
hái shi wǒ ná ba ‚하이스„워‚나바
역시 내가 드는게 낫겠다.

4
师傅, 拉链坏了。请给我修一下。
shī fu lā liàn huài le qǐng gei wǒ xiū yí xià "스푸 "라'롄'화이러 „칭„게이„워"쇼‚이'샤
아저씨 지퍼가 고장났어요. 좀 고쳐 주세요.

5
这个不能修, 只能换别的了。
zhè ge bù néng xiū zhǐ néng huàn bié de le '저거'부„넝"쇼 „즈‚넝'환‚볘더러
이거는 못 고쳐요. 다른 걸로 바꿔야 해요.

6
很快。等一会儿就行。
hěn kuài děng yí huìr jiù xíng „헌'콰이 „덩‚이'훨'죠‚싱
금방 돼요. 잠깐 기다리면 돼요.

124

.... 비교

이 과에서는 개사 '比'를 이용한 비교문을 배우게 된다. 우리말의 어순은 '~보다'이고 중국어의 어순은 '보다~'이므로 헷갈리지 않는게 좋다. 전치사에 해당되는 개사는 동사와 활용법이 똑같아서, 동사가 목적어를 뒤에 쓰듯 개사도 목적어를 뒤에 쓴다. 개사구문의 어순은 한국어처럼 동사의 앞에 위치한다. 개사를 만드는 법은 영어처럼, 개사구문이 들어간 문장의 배열은(육하원칙) 한국어처럼.

UNIT
13

会话 25

봄에는 감기에 걸리지 않게 물을 많이 마셔서 체내의 수분을 보충해 줘야죠~

jīn tiān tiān qì zěn me le
A 今天天气怎么了?
"진"톈"톈'치„전머러
오늘 날씨 왜 이래?

shì a　　yǐ jīng shì chūn tiān le
B 是啊。已经是春天了。
'스아　　„이'징'스"춘"톈러
그러게. 벌써 봄인데.

zěn me bǐ dōng tiān hái lěng a
怎么比冬天还冷啊?
„전머„비"똥"톈, 하이„렁아
어떻게 겨울보다 더 춥냐?

tīng shuō bǐ zuó tiān dī wǔ dù ne
A 听说比昨天低五度呢。
"팅"쉬„비,쭤"톈"띠„우'두너
어제보다 5도나 낮대.

zhèzhǒng tiān qì zuì róng yì dé gǎnmào
B 这种天气最容易得感冒。
'저„종"톈'치'쮀이,롱'이,더„간'마오
감기 걸리기 제일 쉬운 날씨야.

bǐ píng shí duō hē diǎnr shuǐ
A 比平时多喝点儿水。
„비,핑,스"뚸"허„댤„쉐이
평소보다 물을 많이 좀 마셔.

已经 yǐ jīng „이'징 벌써, 이미
春天 chūn tiān "춘"톈 봄
比~ bǐ „비 ~보다
冬天 dōng tiān "똥"톈 겨울
冷 lěng „렁 춥다
听说 tīng shuō "팅"쉬 ~라고 하더라
低 dī "띠 낮다
度 dù '두 도
种 zhǒng „종 ~런, 종류
容易 róng yì ,롱'이 ~하기 쉽다
得感冒 dé gǎn mào ,더„간'마오 감기에 걸리다
平时 píng shí ,핑,스 평소
水 shuǐ „쉐이 물

会话 26

친구들이 서로 키재기를 하고 있네요.
키가 클려면 운동과 음식을 골고루~

A wǒ bǐ nǐ gāo
我比你高。
"워"비"니"까오
내가 너보다 커.

B méi yǒu wǒ bǐ nǐ gāo liǎng gōng fēn ne
没有, 我比你高两公分呢。
,메이"요 "워"비"니"까오,량"꽁"펀너
아냐. 내가 너보다 2cm 커.

C nǐ men tán shén me ne
你们谈什么呢?
"니먼,탄,선머너
너네 무슨 얘기해?

B nǐ shuō shuo kàn wǒ men shéi gèng gāo
你说说看, 我们谁更高?
"니"숴숴'칸 "워먼,세이'껑"까오
너가 말해 봐, 누가 더 크냐?

C nǐ men bǐ gè zi a wǒ kàn nǐ men liǎng ge chà bu duō gāo
你们比个子啊? 我看… 你们两个差不多高。
"니먼"비'꺼즈아 "워'칸 "니먼,량거'차부"둬"까오
키 재고 있었어? 내가 보기엔… 둘 다 비슷한데.

比 bǐ "비 (동사) 비교하다	高 gāo "까오 높다, (키가) 크다	个子 gè zi '꺼즈 키
没有 méi yǒu ,메이"요 아니다	公分 gōng fēn "꽁"펀 cm	更 gèng '껑 더
谈 tán ,탄 이야기를 나누다	差不多 chà bu duō '차부"둬 비슷하다	

127

활용 연습
앞에서 배웠던 것을 활용하여 응용하는 시간!

1 我比你高。 „워„비„니"까오 내가 너보다 키가 크다.

무엇이	~보다	무엇	어찌하다
这个 '저거 이것 这个 '저거 이것 这件衣服 '저'젠"이푸 이 옷 韩国 „한„궈 한국 爸爸 '빠바 아빠	+ 比 „비 +	那个 '나거 저것 那个 '나거 저것 那件 '나거 저것 中国 "종„궈 중국 我 „워 나	+	多两个 "뚸„량거 두개 많다 贵十块 '꿰이„스'콰이 십원 비싸다 漂亮 '퍄오량 예쁘다 热 'ㄹ러 덥다 大30岁 'ㄸ따„싼„스'쉐이 30세 많다

2 谁更高? „세이'껑"까오 누가 더 커?

무엇이	더	어찌하다
我 „워 나 爸爸 '빠바 아빠 哪个 „나거 어떤것 谁的 „세이더 누구것 你和她谁 „니„허"타„세이 너와 그 누가	+ 更 '껑 +	大 'ㄸ따 크다 帅 '수아이 멋있다 便宜? „펜이 싸냐? 好? „하오 좋으냐? 快? "콰이 빠르냐?

활용 연습
앞에서 배웠던 것을 활용하여 응용하는 시간!

3. 容易得感冒。 ,롱'이,더,,간'마오 감기에 걸리기 쉽다.

~기 쉽다

容易 ,롱'이

+

어찌하다

- 脏 '짱 더럽다
- 生病 "성'삥 병이 나다
- 出事故 "추"스'구 사고가 나다
- 吃 "츠 먹다
- 错 '춰 틀리다

4. 你们两个差不多高。 ,,니먼,,량거'차부"둬"까오 둘 다 키가 비슷하다.

무엇은

- 这两个 '저,,량거 이 두개
- 两个人 ,,량거,런 두 사람
- 两个楼 ,,량거,로 두 건물
- 这些衣服 '저"셰"이푸 이 옷들

+

비슷하게

差不多 '차부"둬

+

어떠하다

- 大 '따 크다
- 高 "까오 높다
- 长 ,창 길다
- 贵 '꿰이 비싸다

기본 문법
기본적인 문법 정도는 알아야 입이 열린다!

비교문

중국어에서 비교문에 가장 잘 쓰이는 표현은 '比'이다. 동사로는 '비교하다'의 뜻으로 쓰이고, 개사일 때는 '~보다'의 뜻이다. 주의할 것은 비교의 대상 앞에 比가 온다는 것이다.

首尔比北京冷。"소"얼"비"베이"징"렁 서울은 북경보다 춥다. (추운 것은 서울)
出租车比地铁慢。"추"주"처"비"띠"톄"만 택시가 지하철 보다 느리다. (느린 것은 택시)

비교문에서 서술어를 강조하는 데는 还, 更 등이 자주 쓰이며, 뜻은 '더'이다.

首尔比北京还冷。"소"얼"비"베이"징"하이"렁 서울은 북경보다 훨씬 춥다.
出租车比地铁更慢。"추"주"처"비"띠"톄"껑"만 택시가 지하철보다 더 느리다.

비교에 수량이나 시간 등을 넣을 수도 있다.

哥哥比我大两岁。"꺼거"비"워"따"량'쉐이 형은 나보다 두 살 많다.
今天比昨天冷一点儿。"진"톈"비"줘"톈"렁"이"달 오늘이 어제보다 좀 더 춥다.
他的比我的多一个。"타더"비"워더"둬"이거 그의 것이 내 것보다 하나 많다.

그 외에는 개사 없이 更만 쓰이기도 하고, 최상급은 最를 쓴다.

有没有更大一点儿的?"요"메이"요'껑"따"이"달더 좀 더 큰 거 없어요?
我们班她的成绩最好。"워먼"빤"타더"청"지'쮀이"하오 우리 반에서 그녀가 성적이 제일 좋다.

중국의 도량형

길이	mm	cm	m	km
	毫米 "하오"미	公分 "꽁"펀 厘米 "리"미	米 mǐ "미	公里 "꽁"리
무게	g	50g	500g	kg
	克 '커	两 "량	斤 "진	公斤 "꽁"진
부피/넓이	ml	l	m²	m³
	毫升 "하오"성	升 "성	平方米 "핑"팡"미	立方米 '리"팡"미

도전 실력확인 하기

A 다음 제시어들을 이용하여 비교문을 완성하시오.

① 首尔 / 上海 / 热 / 还 / 比
→ _____ 상해는 서울보다 더 덥다

② 谁 / 更 / 你们 / 高
→ _____ 너희들 중 누가 더 크니?

③ 最 / 好 / 他的英语 / 我们班
→ _____ 우리반에서 그의 영어실력은 최고다

④ 喜欢 / 我 / 书 / 看
→ _____ 나는 책 보는 것을 좋아한다

⑤ 两岁 / 姐姐 / 我 / 比 / 大
→ _____ 누나는 나보다 2살 많다

B 제시어들이 적절한 곳을 찾아 문장을 완성하시오.

容易 / 给 / 更 / 比 / 差不多 / 三岁

① 有没有（　　　）这个大一点儿的？ 이것보다 조금 큰 것 있어요?

② 我妈妈比爸爸大（　　　）。 우리 엄마는 아빠보다 3살 많다

③ 白色的衣服很（　　　）脏。 하얀옷은 더러워지기 쉽다

④ 你（　　　）谁打电话？ 너 누구에게 전화해?

⑤ 你们两个人（　　　）大。 너희 두사람 키가 비슷해

⑥ 你（　　　）喜欢谁？ 너 누구를 더 좋아해?

해답 167page

큰 소리로 열 번씩 따라 읽으면서 복습하자.

❶ ✓ ❷ ☐ ❸ ☐ ❹ ☐ ❺ ☐ ❻ ☐ ❼ ☐ ❽ ☐ ❾ ☐ ❿ ☐

1 怎么比冬天还冷啊？
zěn me bǐ dōng tiān hái lěng a   „전머„비"똥"톈‚하이„렁아
어떻게 겨울보다 더 춥냐?

2 听说比昨天低五度呢。
tīng shuō bǐ zuó tiān dī wǔ dù ne   "팅"쉭‚비‚줘"톈"띠„우'두너
어제보다 5도나 낮대.

3 这种天气最容易得感冒。
zhèzhǒng tiān qì zuì róng yì dé gǎnmào   '저„종"톈'치'풰이‚롱'이‚더„간'마오
감기 걸리기 제일 쉬운 날씨야.

4 我比你高两公分呢。
wǒ bǐ nǐ gāo liǎng gōng fēn ne   „워„비„니"까오„량"꽁"펀너
내가 너보다 2cm 커.

5 你说说看，我们谁更高？
nǐ shuō shuo kàn wǒ men shuí gèng gāo   ‚니"쉭쉭'칸 „워먼‚세이'껑"까오
너가 말해봐, 누가 더 크니?

6 你们两个差不多高。
nǐ men liǎng ge chà bu duō gāo   „니먼„량거'차부"둬"까오
둘 다 비슷한데.

132

········ 진행형

동사의 활용에서 빼 놓을 수 없는 것이 진행형이다. 세 가지 요소인 正, 在, 呢가 자유자재로 쓰이며 다양한 형태의 진행형을 만들 수 있다. 뜻은 '~하고 있다'로 문법적인 변화없이 간단하게 세 가지 요소를 적절한 위치에 넣어 쓰면 되며, 영어처럼 복잡하지도 않다.

UNIT 14

친구가 갑자기 교통사고로 병원에 입원을 해서 빨리 가봐야 하는 상황이네요

A nǐ dǎ gěi shéi ya
你打给谁呀?
"니„따„게이 ,세이야
누구한테 전화하는 거야?

B wǒ zhèng gěi nǐ dǎ diàn huà ne
我正给你打电话呢。
„워'정„게이„니„따'뗀'화너
너한테 전화하고 있었어.

A zhēn qiǎo yǒu shìr ma
真巧。有事儿吗?
"전„챠오 „요'설마
딱 맞춰 왔네. 무슨 일 있어?

B fēi fēi zài zhǎo nǐ ne   nǐ péng you shàng wǔ bèi chē zhuàng le
菲菲在找你呢。你朋友上午被车撞了,
"페이"페이'짜이„자오„니너   „니„펑요'상우'베이"처'좡러
페이페이가 너 찾고 있어. 네 친구가 오전에 차에 치었다.

xiànzài zài yī yuàn ne   nǐ gǎn jǐn gēn fēi fēi lián xì ba
现在在医院呢。你赶紧跟菲菲联系吧。
'셴'자이'짜이"이'위엔너   „니„간„진"껀"페이"페이,롄'시바
지금 병원에 있어. 얼른 페이페이랑 연락해 봐.

正 zhèng '정 마침	巧 qiǎo „챠오 우연이다, 공교롭다
在 zài '짜이 ~에 있다	上午 shàng wǔ '상„우 오전
撞车 zhuàng chē '좡"처 차에 치다	医院 yī yuàn "이'위엔 병원
赶紧 gǎn jǐn „간„진 얼른, 빨리	联系 lián xì ,롄'시 연락하다

会话 28

엄마가 아니었으면 큰일 날뻔했네요
빨래 수거함에 넣을 때는 한 번 더 확인해야죠

A nǐ zài zhǎo shén me ya
你在找什么呀?
„니'짜이„자오‚선머야
뭐 찾고 있어?

B zuó tiān chuān guo de wài tào
昨天穿过的外套。
‚줘"톈"촨궈더‚와이'타오
어제 입었던 외투요.

A zhèng zài xǐ ne   lǐ bian yǒu dōng xi ma
正在洗呢。里边有东西吗?
'정'자이„시너   „리볜„요"똥시마
지금 빨고 있는데. 안에 뭐 있어?

B lǐ bian yǒu wǒ de shǒu jī ne
里边有我的手机呢。
„리볜„요„워더„소"지너
안에 제 핸드폰 있는데요.

A wǒ yǐ jīng bǎ tā ná chu lai
我已经把它拿出来,
„워„이'징„바"타‚나추라이
그거 내가 꺼내서

fàng zài nǐ zhuō zi shàng le
放在你桌子上了。
'팡'자이„니"줘즈상러
네 책상 위에 올려 놨어.

> **new word**
> 穿 chuān "촨 입다
> 外套 wài tào '와이'타오 외투
> 洗 xǐ „시 씻다, 빨다
> 手机 shǒu jī „소"지 핸드폰
> 把~ bǎ „바 ~을
> 它 tā "타 그것을
> 拿出来 ná chu lai ‚나추라이 꺼내다
> 放 fàng '팡 놓다, 넣다
> 桌子 zhuō zi "줘즈 책상

135

활용 연습
앞에서 배웠던 것을 응용하는 시간!

1. 正给你打电话呢。 '정„게이„니„따'뎬'화너 너한테 전화하고 있었어.

누가	마침	어찌	하고 있다
我 „워 나 老师 „라오"스 선생님 韩国队 „한„궈'뒈이 한국팀 他们 "타먼 그들	+ 正 '정 +	买东西 „마이"똥시 물건을 사다 吃饭 "츠'판 밥을 먹다 比赛 „비"싸이 시합하다 吵架 „차오'쟈 말다툼하다	+ 呢 너

2. 在找你。 '짜이„자오„니 널 찾고 있어.

누가	~하고 있다	어찌하다
老师 „라오"스 선생님 爸爸 "빠바 아빠 中国 "종„궈 중국 车 "처 차	+ 在 '짜이 +	说话 "쉬'화 이야기하다 学汉语 „쉬에'한„위 중국어를 배우다 发展 "파„잔 발전하다 跑 „파오 달리다

136

활용 연습
앞에서 배웠던 것을 활용하여 응용하는 시간!

3 把它放在桌子上。 „바"타'팡'자이"줘즈'상 그거 책상 위에 놓뒀어.

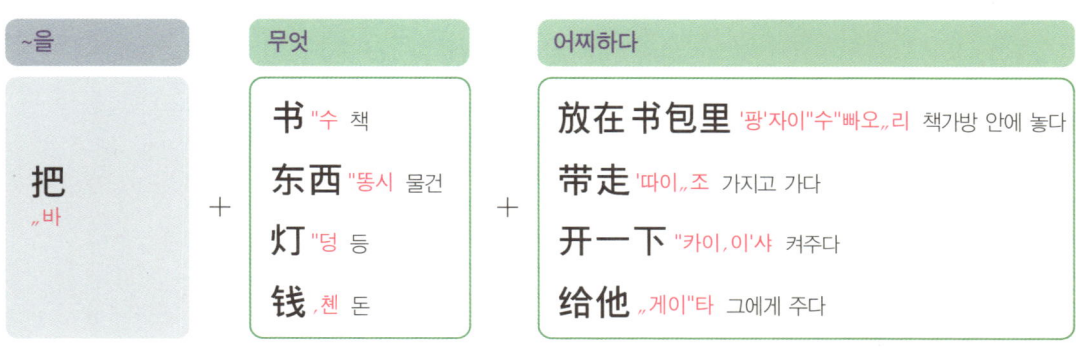

~을
把 „바

무엇
书 "수 책
东西 "똥시 물건
灯 "덩 등
钱 ‚첸 돈

어찌하다
放在书包里 '팡'자이"수"빠오„리 책가방 안에 놓다
带走 '따이„조 가지고 가다
开一下 "카이‚이'사 켜주다
给他 „게이"타 그에게 주다

4 跟菲菲联系。 "껀"페이"페이‚롄시 페이페이랑 연락해 봐.

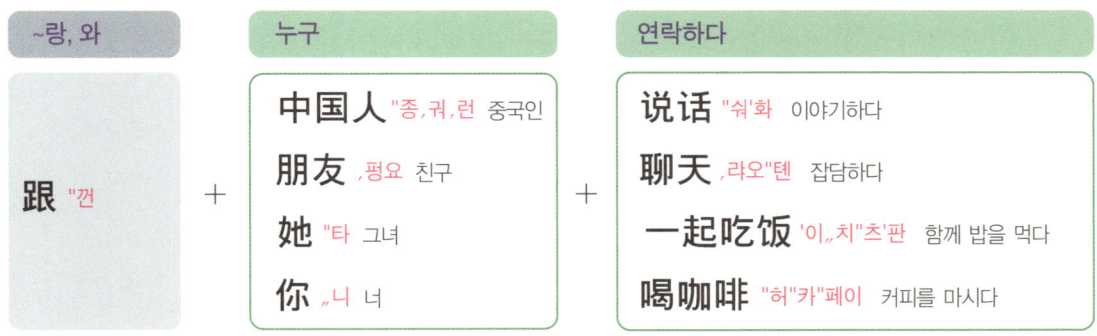

~랑, 와
跟 "껀

누구
中国人 "종‚궈‚런 중국인
朋友 ‚펑요 친구
她 "타 그녀
你 „니 너

연락하다
说话 "쉬'화 이야기하다
聊天 ‚랴오"톈 잡담하다
一起吃饭 '이„치"츠'판 함께 밥을 먹다
喝咖啡 "허"카"페이 커피를 마시다

기본 문법
기본적인 문법 정도는 알아야 입이 열린다!

동사의 진행형

중국어에서 진행형을 만드는 요소는 3개이다. 부사인 正, 조사인 在, 어기사인 呢이다. 각각 하나씩 쓰여도 되고, 셋 중 둘, 혹은 셋 다 쓰여도 진행형은 만들어진다. 물론 중국어만의 특징으로 이 모든 것이 없어도 진행형으로 해석될 수도 있다. 문장만으로 진행형을 판단할 때는 이 세 가지 요소를 기억하면 된다.

我吃饭。 워"츠'판
나는 밥을 먹는다

➡ 我正吃饭。 워'정"츠'판 나는 밥을 먹고 있다
我在吃饭。 워'짜이"츠'판
我吃饭呢。 워"츠'판너
我正吃饭呢。 워'정"츠'판너
我正在吃饭。 워'정'자이"츠'판
我在吃饭呢。 워'짜이"츠'판너
我正在吃饭呢。 워'정'자이"츠'판너

把구문

목적어를 도치시키는 개사이다. 형태는 '把 A'이며, 해석은 'A를'이다. 목적어를 도치시키면 한국어의 어순과 똑같아진다. 주의할 점은 동사 혼자서는 절대 올 수 없다는 것이다.

我吃了这个。 ➡ **我把这个吃了。** 나는 이것을 먹었다
워"츠러'저거   워„바'저거"츠러

你给他这个。 ➡ **你把这个给他。** 나는 이것을 그에게 준다
니„게이"타'저거   니„바'저거„게이"타

도치를 시키는 이유는 목적어 자체를 강조하기 위해서이거나, 어쩔 수 없이 도치시켜야 할 때이다. 위의 예문은 '이것'을 강조하기 위해 把구문을 쓴 것이고 아래의 경우는 목적어를 둘 적당한 위치가 없어 어쩔 수 없이 동사 앞으로 옮긴 것이다.

放手机, 放在桌子上 ➡ **把手机放在桌子上**
'팡„소"지 '팡'자이"쥐즈'상   „바„소"지'팡'자이"쥐즈'상
핸드폰을 책상 위에 놓다

换这个, 换成新的 ➡ **把这个换成新的**
'환'저거 '환„청"신더   „바'저거'환„청"신더
이것을 새것으로 바꾸다

A 다음 문장을 진행형으로 바꾸시오.

❶ 他们问我一个问题。 → _____。
그들이 나에게 한 문제를 묻고 있다

❷ 老师说昨天的事儿。 → _____。
선생님이 어제 일을 말하고 있다

❸ 我去医院。 → _____。
나는 병원에 가고 있다

❹ 孩子看电视。 → _____。
아이가 텔레비전을 보고 있다

❺ 妈妈接电话。 → _____。
엄마가 전화를 받고 있다

B 제시어 중 하나를 선택하여 문장을 완성하시오.

在 / 呢 / 跟 / 容易 / 把 / 已经

❶ 现在（　　）八点了。 지금 이미 8시이다

❷ （　　）东西放在这儿吧。 물건을 여기에 놓아라

❸ 我在路上（　　）。 나는 길에 있다

❹ 有事儿，（　　）他联系吧。 일이 있으면 그와 연락해

❺ 老师（　　）说话。 선생님께서 말씀 중이다

❻ 这个题很（　　）错。 이 문제는 틀리기 쉽다

해답 167page

큰 소리로 열 번씩 따라 읽으면서 복습하자.

1
我正给你打电话呢。
wǒ zhèng gěi nǐ dǎ diàn huà ne   워'정„게이„니„따'뎬'화너
너한테 전화하고 있었어.

2
菲菲在找你呢。
fēi fēi zài zhǎo nǐ ne   "페이"페이'짜이„자오„니너
페이페이가 너 찾고 있어.

3
你赶紧跟菲菲联系吧。
nǐ gǎn jǐn gēn fēi fēi lián xì ba   „니„간„진"껀"페이"페이,롄'시바
얼른 페이페이랑 연락해 봐.

4
你在找什么呀?
nǐ zài zhǎo shén me ya   „니'짜이„자오,선머야
뭐 찾고 있어?

5
昨天穿过的外套。
zuó tiān chuān guo de wài tào   ,쥐"톈"촨궈더'와이'타오
어제 입었던 외투요.

6
我已经把它拿出来,放在你桌子上了。
wǒ yǐ jīng bǎ tā ná chu lai fàng zài nǐ zhuō zi shàng le   „워„이'징„바"타,나추라이 '팡'자이„니"쮜즈'샹러
그거 내가 꺼내서 네 책상 위에 올려 놨어.

정도보어

동사를 수식하는 가장 기본적인 품사는 부사다. 하지만 부사는 제한적이라 동사의 풍부한 내용을 전달할 수 없어 동사의 뒤에 어떻게나 시간, 동작의 결과를 나타내는 보어를 쓰인다. 그 보어 중 동사나 형용사의 정도를 나타내는 것을 정도 보어라 하고, '정도가 어떠하다' 혹은 '어떠할 정도로 어떠하다' 등의 뜻을 가진다.

UNIT 15

会话 29

친구가 어제 뭐했는지 근황을 묻는 표현
같이 가고 싶은 마음이 굴뚝 같죠~

A nǐ zuó tiān qù nǎ lǐ le
你昨天去哪里了?
니,쥐"톈'취,,나,,리러
너 어제 어디 갔었어?

B gēn péng you chū qù wán le
跟朋友出去玩了。
"껀,,펑요"추'취,완러
친구랑 놀러 갔었어.

A wán de zěn me yang
玩得怎么样?
,완더,,전머양
어땠어?

B wǒ men wán de tè bié kāi xīn
我们玩得特别开心。
,,워먼,완더'터,,뼤"카이"신
정말 재밌게 놀았어.

érqiě zhǎodào le hěnduō piàoliangde diàn
而且找到了很多漂亮的店。
,알,,쳬,,자오'다오러,,헌"둬'퍄오량더'뎬
게다가 예쁜 가게도 아주 많이 찾았어.

开心 kāi xīn "카이"신 기쁘다
这么 zhè me ,저머 이렇게
地 de 더 ~하게, ~히
而且 ér qiě ,알,,쳬 게다가
找到 zhǎo dào ,,자오'다오 찾았다
店 diàn '뎬 가게
下次 xià cì '샤'츠 다음에
记得 jì de '지더 기억하다
带 dài '따이 가지고(데리고) 가다

会话 30

겨울내내 먹었던 음식들이 드디어 살로~
여름이 오기전에 다이어트 해야겠죠?

A wǒ zuì jìn yuè lái yuè pàng le
我最近越来越胖了。
워'줴이'진'위에,라이'위에'팡러
나 요즘 자꾸 살이 쪄요.

B bú huì ba　　kàn bu chū lái
不会吧? 看不出来。
,부'훼이바　　'칸부"추,라이
그럴 리가? 표시 안나는데?

A zhēn de　kě néng shì chī de tài duō le ba
真的, 可能是吃得太多了吧。
"전더　　"커,넝'스"츠더'타이"뚸러바
진짜에요. 너무 많이 먹었나봐요.

chuān bu liǎo qù nián mǎi de kù zi le
穿不了去年买的裤子了。
"촨부"랴오'취,녠"마이더'쿠즈러
작년에 산 바지가 안 맞아요.

B méi shìr　　duàn liàn duàn liàn jiù xíng
没事儿, 锻炼锻炼就行。
,메이'설　　'돤'롄'돤'롄'죠,싱
괜찮아, 운동하면 돼.

越来越~ yuè lái yuè
'위에,라이'위에 갈수록 ~하다
看不出来 kàn bu chū lái
'칸부"추,라이 봐서 모르다
穿不了 chuān bu liǎo
"촨부"랴오 입을 수 없다
裤子 kù zi '쿠즈 바지
该 gāi "까이 ~해야 한다
锻炼 duàn liàn '돤'롄 운동하다

143

활용 연습
앞에서 배웠던 것을 활용하여 응용하는 시간!

1. 玩得很开心。 ,완더,헌"카이"신 재미있게 놀았다.

어떠하다
- 玩 ,완 놀다
- 开车开 "카이"처 차를 몰다
- 说汉语 '쉬'한,,위 중국어를 말하다
- 买 ,,마이 사다
- 热 '러 덥다
- 高兴 "까오'싱 기쁘다

+ 得 더 +

어떠하게
- 很高兴 "헌"까오'싱 기쁘다
- 很快 ,,헌'콰이 빠르다
- 非常好 "페이,창,하오 아주 좋다
- 不少 '부,사오 적지 않게
- 一直流汗 '이,즈,료'한 계속 땀이 흐르다
- 笑个不停 '사오거'부,팅 웃음을 멈추지 않다

2. 越来越胖了。 '위에,라이'위에'팡러 갈수록 살이 찌다.

누가
- 老师 ,,라오"스 선생님
- 天气 "텐'치 날씨
- 汉语 '한,,위 중국어
- 最近她 '쮀이'진"타 최근에 그녀

+ 越来越 '위에,라이'위에 +

어찌하다
- 漂亮 '퍄오량 예쁘다
- 奇怪 ,치'꽈이 이상하다
- 难 ,난 어렵다
- 瘦 '소 마르다

+ 了 러

활용 연습

앞에서 배웠던 것을 활용하여 응용하는 시간!

3 该减肥了。 "까이 "젠 ,페이러 다이어트 해야겠어요.

해야한다	어찌하다	~겠다
该 "까이	走 "조 가다 吃饭 "츠'판 밥을 먹다 上课 '상'커 수업하다 你 "니 네 차례다 睡觉 '쉐이'쟈오 잠을 자다	了 러

4 穿不了去年买的裤子。 "촨부 ,라오'춰 ,녠 ,마이더'쿠즈 작년에 산 바지를 입을 수가 없어요.

어찌하다	할 수 없다	무엇을
吃 "츠 먹다 买 ,마이 사다 拿 ,나 가져오다 给 ,게이 주다 忘 '왕 잊다	不了 부,랴오	辣的 '라더 매운 것 机票 "지'퍄오 비행기표 这么多 '저머"둬 이렇게 많이 钱 ,첸 돈 那天的事儿 ,나"톈더'셜 그날의 일

기본 문법
기본적인 문법 정도는 알아야 입이 열린다!

정도보어 (A得B)

보어(补语)는 동사나 형용사를 보충하는 역할이다. 주로 어떻게, 정도, 시간, 결과, 방향 등을 구체적으로 표현해 주는 역할이다. 위치는 동사나 형용사의 뒤이다. 형태는 동사와 형용사를 A라 하고, 보어를 B라고 하면 'A 得 B' 라고 만들어지며, 뜻은 'B할 정도로 A하다' 혹은 'B하게 A하다' 이다.

어떠하다	어떠하다	~할 정도로	~하다
吃 ˇ츠	得 더	很快 ˌ헌ˇ콰이	아주 빨리 먹는다
走 ˌ조	得	很慢 ˌ헌ˌ만	천천히 걷는다
说 ˇ쉬	得	很好 ˌ헌ˇ하오	말을 아주 잘 한다
笑 ˊ샤오	得	肚子疼 ˋ두즈ˌ텅	배가 아플 정도로 웃었다

~不了, ~得了
~할 수 없다, ~할 수 없다

看 ˋ칸	得了 더ˌ랴오 / 不了 부ˌ랴오	볼 수 있다 / 볼 수 없다
吃 ˇ츠	得了 / 不了	먹을 수 있다 / 먹을 수 없다
走 ˌ조	得了 / 不了	걸을 수 있다 / 걸을 수 없다
说 ˇ쉬	得了 / 不了	말할 수 있다 / 말할 수 없다

越来越 A
갈수록 A하다

'갈수록 ~하다' 의 뜻으로, 원래의 뜻은 '越 A 越 B'로 'A 할수록 B하다' 의 뜻이다. A대신에 来를 써서, '갈수록 ~해지다' 라고 해석한다.

越吃越胖。 ˋ위에ˇ츠ˋ위에ˋ팡 먹을수록 뚱뚱해진다.
越高越危险。 ˋ위에ˉ까오ˋ위에ˉ웨이ˇ셴 높을수록 위험하다.
越来越难。 ˋ위에ˊ라이ˋ위에ˋ난 갈수록 어려워진다.

A 다음 제시어들을 이용하여 하나의 문장을 완성하시오.

❶ 睡觉 / 去 / 了 / 该
→ _____ 。 잠자러 가야 한다

❷ 没有吃 / 好久 / 菜 / 这么好吃的 / 了
→ _____ 。 이렇게 맛있는 요리는 오랫동안 못 먹었다

❸ 越来 / 了 / 天气 / 越热
→ _____ 。 날씨가 갈수록 더워진다

❹ 你 / 记得 / 早一点儿 / 明天 / 来
→ _____ 。 너 내일 조금 일찍 오는 것 기억해

❺ 太多 / 吃得 / 了 / 昨天
→ _____ 。 어제 너무 많이 먹었다

B 다음 제시어들을 이용하여 정도보어 구문을 완성하시오.

❶ 玩, 高兴 놀다, 즐겁다   → _____ 。
❷ 吃, 很多 먹다, 아주 많다   → _____ 。
❸ 听, 很清楚 듣다, 선명하다   → _____ 。
❹ 冷, 要开暖气 춥다, 난로를 켜야한다 → _____ 。
❺ 长, 很漂亮 생기다, 아주 예쁘다 → _____ 。

해답 167page

큰 소리로 열 번씩 따라 읽으면서 복습하자.

❶ ☑ ❷ ☐ ❸ ☐ ❹ ☐ ❺ ☐ ❻ ☐ ❼ ☐ ❽ ☐ ❾ ☐ ❿ ☐

1 我们玩得特别开心。
wǒ men wán de tè bié kāi xīn „워먼, 완더'터, 베"카이"신
정말 재밌게 놀았어.

2 好久没这么开心地玩了。
hǎo jiǔ méi zhè me kāi xīn de wán le „하오„죠, 메이'저머"카이"신더, 완러
이렇게 재밌게 놀아본 게 언제야?

3 下次，你记得带我去啊。
xià cì, nǐ jì de dài wǒ qù a '샤„츠 „니'지더'따이„워'취아
다음에 나 잊어버리지 말고 데려가.

4 我最近越来越胖了。
wǒ zuì jìn yuè lái yuè pàng le „워'쮀이'진'위에, 라이'위에'팡러
나 요즘 자꾸 살이 쪄요.

5 可能是吃得太多了吧。
kě néng shì chī de tài duō le ba „커, 넝'스"츠더'타이"뚜러바
너무 많이 먹었나봐요.

6 穿不了去年买的裤子了。
chuān bu liǎo qù nián mǎi de kù zi le "촨부„라오'취, 녠„마이더'쿠즈러
작년에 산 바지가 안 맞아요.

결과보어와 가능보어

보어 중 빈도가 높은 것 중 하나가 결과보어로, 그 중간에 할 수 있다에 해당되는 '得'를 쓰거나, 할 수 없다의 뜻인 '不'를 쓰면 가능보어가 된다. 물론 나중에 배울 방향보어도 마찬가지로 변화가 가능하다. 결과보어 AB형태에 뜻은, A의 결과가 B란 뜻이고, 가능보어는 'A 得 B' 나 'A 不 B'의 형태로, 전자는 A해서 B할 수 있다, 후자는 A해서 B할 수 없다의 뜻이다.

UNIT 16

영화를 봐도 무슨 뜻인지 모를때가 많죠
눈치로 뜻을 대충 안다면 성공!

A zhè ge diàn yǐng zěn me yàng
这个电影怎么样?
'저거'뎬〃잉〃전머'양
이 영화 어땠어요?

B wǒ tīng bu dǒng tā men zài shuō shén me
我听不懂他们在说什么。
〃워"팅부〃동"타먼'짜이"쉬,선머
무슨 말인지 못 알아 듣겠어.

A yǒu de wǒ yě méi tīng dǒng
有的我也没听懂。
〃요더〃워,예,메이"팅〃동
어떤 건 나도 못 알아들었어요.

B dà gài de yì si wǒ míng bai le
大概的意思, 我明白了。
'따'가이더'이쓰 〃워,밍바이러
대충의 뜻만 알았어.

A nà yǐ jīng hěn bú cuò le
那已经很不错了。
'나"이'징"헌,부'춰러
그럼 이미 훌륭해요.

new word

电影 diàn yǐng '뎬〃잉 영화
懂 dǒng 〃동 이해하다
有的 yǒu de 〃요더 어떤, 어떤 것
大概 dà gài '따'가이 대충, 대략
意思 yì si '이쓰 뜻, 의미
明白 míng bai ,밍바이 이해하다
已经 yǐ jīng "이'징 이미
不错 bú cuò ,부'춰
괜찮다, 나쁘지 않다

한국을 대표하는 박지성 선수!
골 넣는 순간을 놓치지 않게 눈을 크게 떠요

A nǐ gāng cái kàn jiàn le méi you
你刚才看见了没有?
니"깡,차이'칸'졘러,메이요
금방 봤어?

B shén me ya
什么呀?
,선머야
뭐?

A Piáo zhì xīng jìn qiú le　méi kàn jiàn
朴智星进球了。没看见?
,퍄오'즈"싱'진,쵸러　　,메이'칸'젠
박지성이 공 넣었잖아. 못 봤어?

hěn piào liang de yí ge qiú a
很漂亮的一个球啊。
"헌'퍄오량더,이거,쵸아
진짜 멋진 골이었는데.

B wǒ gāng cái tīng dào 'wā' de yì shēng le
我刚才听到'哇'的一声了。
"워"깡,차이"팅'다오"와더'이"성러
'와' 하는 소리는 들었는데

A zán men chī wán fàn　qù tī qiú ba
咱们吃完饭, 去踢球吧。
,잔먼"츠,완'판　　'취"티,쵸바
우리 밥 먹고 공 차러 가자.

刚才 gāng cái "깡,차이 금방, 조금전
进 jìn '진 들어가다
球 qiú ,쵸 공
漂亮 piào liang '퍄오량 멋있다
哇 wā "와 의성어
一声 yì shēng '이"성 한 소리, 한 마디
咱们 zán men ,잔먼 우리
完 wán ,완 다 하다, 끝나다
踢 tī "티 차다

활용 연습

앞에서 배웠던 것을 활용하여 응용하는 시간!

1 听不懂他们在说什么。 "팅부„동"타먼"짜이"숴,선머 저 사람들이 무슨 얘기 하는지 모르겠어.

看不懂 '칸부„동	这里的汉字 '저„리더'한"쯔 여기 있는 한자를 몰라요.
做不完 "쭤부„완	今天的工作 "진"텐더"꽁'쭤 오늘 일을 못 끝내요
吃不了 "츠부„라오 +	他给我的米饭 "타„게이„워더„미'판 그 사람이 준 밥을 다 못 먹어요.
走不了 „조부„라오	那么远的路 '나머„위엔더'루 그렇게 먼 곳은 못 걸어요.
听得懂 "팅더„동	我说的话吗? „워"숴더'화마 내가 하는 말 알아 듣겠어요?

2 我们吃完饭, 去踢球吧。 „워먼"츠„완'판 '취'티„챠바 밥 다 먹고 공 차러 가자.

어찌한 후	어찌하다
看完电影 '칸„완'뎬„잉	去睡觉 '취'쉐이'쟈오 영화 다 보고 잘 거예요.
吃完这个 "츠„완'저거	就走 '죠„조 이거 다 먹고 가요.
写完了 „셰„완러 +	再看 '짜이'칸 다 쓰고 나서 보세요.
洗完了 „씨„완러	放在冰箱 '팡'자이"삥샹 씻은 후에 냉장고에 넣으세요.
想好了 „샹„하오러	再买 '짜이„마이 생각 잘 해보시고 사세요.

기본 문법
기본적인 문법 정도는 알아야 입이 열린다!

결과보어(结果补语)

의미	동사의 결과를 알려주는 역할
형태	동사 + 결과보어
목적어 위치	동사 + 결과보어 + 목적어

자주 쓰는 결과보어의 의미		
	到	'~했다' 의 뜻, 아무 많은 동사들 뒤에 쓰임 看到了 / 做到了 / 找到了 / 买到了 '칸'다오러 / '쭤'다오러 / „자오'다오러 / „마이'다오러 봤다 / 했다 / 찾았다 / 샀다
	见	'~했다' 의 뜻, 감각 기관 단어 뒤에 많이 쓰이고, 만나는 것과 관련된 단어 뒤에 看见了 / 听见了 / 遇见了 '칸'젠러 / "팅'젠러 / '위'젠러 봤다 / 들었다 / 만났다
	懂	'이해하다' '알다' 의 뜻 听懂汉语 "팅„동„한„위 중국어를 알아 듣다 看懂这个字 '칸„동'저거'즈 글자를 알아 보다
	完	(동작의 완료만 강조) 다 하다 洗完被子了 „씨,완'뻬이즈 이불을 다 빨았다 学完这本书 ,쉬에,완'저,번"수 이 책을 다 배우면 吃完晚饭 "츠,완,완'판 저녁밥을 다 먹고 나서
	好	(결과와 동작완료 모두) 다 하다, 잘 하다 洗好了 / 写好名字了 / 吃好了 „씨„하오러 / „셰„하오,밍즈러 / "츠„하오러 다 씻었다 / 이름 다 썼다 / 잘 먹었다
	上	(붙거나 닿는 것과 관련해) ~했다 穿上衣服 "촨'상"이푸 옷을 입었다 吃上一个月 "츠'상,이거'위에러 한 달을 먹었다
	住	(움직이지 않고) 꾹 ~하다 站住 / 忍住 / 抓住 '잔'주 / „런'주 / "좌'주 멈추다 / 꾹 참다 / 꽉 잡다

기본 문법
기본적인 문법 정도는 알아야 입이 열린다!

가능보어(可能补语)

의미	할 수 있다, 할 수 없다
형태	A 得 B ~할 수 있다 / A 不 B ~할 수 없다
목적어 위치	보어의 뒤
결과보어를 가능보어로 만들기	吃完 - 吃得完 - 吃不完 다 먹을 수 있다 / 없다 ''츠,완 ''츠더,완 ''츠부,완 做好 - 做得好 - 做不好 잘 할 수 있다 / 없다 '쭤,하오 '쭤더,완 '쭤부,하오 听到 - 听得到 - 听不到 들린다 / 안 들린다 ''팅'다오 ''팅더'다오 ''팅부'다오 看见 - 看得见 - 看不见 보인다 / 안 보인다 '칸'젠 '칸더'젠 '칸부'젠 穿上 - 穿得上 - 穿不上 입을 수 있다 / 없다 ''찬'상 ''찬더'상 ''찬부'상 抓住 - 抓得住 - 抓不住 잡을 수 있다 / 없다 '좌'주 '좌더'주 '좌부'주
~得了 ~不了	결과 보어가 있을 때는 동사의 뜻에 결과 보어의 뜻까지 포함이 되어서 번역되지만, 정말 단순하게 가능과 불가능을 표현하고 싶을 때는 이 표현이 적당 吃得了 - 吃不了 먹을 수 있다 / 먹을 수 없다 ''츠더„랴오 ''츠부„랴오 做得了 - 做不了 할 수 있다 / 할 수 없다 '쭤더„랴오 '쭤부„랴오 看得了 - 看不了 볼 수 있다 / 볼 수 없다 '칸더„랴오 '칸부„랴오 穿得了 - 穿不了 입을 수 있다 / 입을 수 없다 ''찬더„랴오 ''찬부„랴오

A 주어진 단어를 배열하여 문장을 완성하시오.

❶ 听不懂 / 他们 / 在 / 什么 / 说

→ _____。 그들이 무슨 말을 하는지 못 알아들어

❷ 没 / 我们 / 做完 / 今天的作业

→ _____。 우리는 오늘 숙제를 다 못 했다

❸ 吃 / 不能 / 菜 / 有的

→ _____。 어떤 요리는 먹을 수 없다

❹ 刚才 / 我 / 看见 / 没有

→ _____。 나는 방금 못 봤어

B 다음의 결과보어를 이용한 문장을 가능보어로 바꾸시오.

> 听懂 → 没听懂 → 听得懂 → 听不懂
> 알아듣다   못 알아 들었다   알아 들을 수 있다   알아 들을 수 없다

❶ 做完 다 만들다 → _____。

❷ 进去 들어가다 → _____。

❸ 看懂 봐서 알다 → _____。

❹ 写好 잘 쓰다 → _____。

❺ 站住 제대로 서다 → _____。

해답 167page

큰 소리로 열 번씩 따라 읽으면서 복습하자.

1
我听不懂他们在说什么。
wǒ tīng bu dǒng tā men zài shuō shén me   „워"팅부„동"타먼'짜이"쉬,선머
무슨 말인지 못 알아 듣겠어.

2
有的我也没听懂。
yǒu de wǒ yě méi tīng dǒng   „요더„워„예,메이"팅„동
어떤 건 나도 못 알아들었어요.

3
大概的意思，我明白了，是看懂的。
dà gài de yì si wǒ míng bai le shì kàn dǒng de   '따„가이더'이쓰 „워,밍바이러 '스„칸„동더
대충의 뜻을 알았어. 보고 알았지.

4
你刚才看见了没有？
nǐ gāng cái kàn jiàn le méi you   „니"깡,차이'칸"젠러,메이요
금방 봤어?

5
我刚才听到'哇'的一声了。
wǒ gāng cái tīng dào 'wā' de yì shēng le   „워"깡,차이"팅'다오"와더'이"성러
'와' 하는 소리는 들었는데

6
咱们吃完饭，去踢球吧。
zán men chī wán fàn qù tī qiú ba   ,잔먼"츠,완'판 '취"티,쵸바
우리 밥 먹고 공 차러 가자.

········· 마무리

이번엔 중국어를 배운 후에 여러분이 하고 싶은 걸 생각해 보자. 중국 친구를 사귄다든가, 중국 여행을 해 본다든가, 평생을 먹어도 다 못 먹을 중국의 음식을 공부해 본다든가. 공부를 하는 데 있어서 좋은 책과, 좋은 선생님, 그리고 꾸준한 연습, 모두 중요하다. 하지만 무엇보다도 중요한 건 여러분들의 목표! 목표가 없으면 동기가 없어지니까. 공부가 재밌긴 하지만 게임이나 놀이만큼 재밌는 건 아니니 더더욱 이런 동기나 목표가 필요한 것이다. 혹시 목표가 없으면 책을 덮고 한 번 생각해 보길 바란다.

UNIT
17

会话 33

중국어를 배워서 중국으로 여행
생각만 해도 가슴 떨리네요~

A nǐ xué hàn yǔ zhī hòu yào zuò shén me
你学汉语之后要做什么?
„니ˇ쉬에'한„위"즈'호ˇ야오"쭤, 선머

중국어 배우고 나서 뭐 할 거야?

B kě yǐ de huà   wǒ xiǎng qù lǚ yóu
可以的话,我想去旅游。
„커"이더'화   „워"샹'취„뤼ˇ요

가능하다면 여행 가고 싶어요.

tīngshuō Yúnnán hěn piào liang
听说云南很漂亮。
"팅"쉬, 윈, 난„헌'파오량

윈난이 예쁘다고 하더라구요.

A nàr yǒu yí ge dà xué tóng xué
那儿有一个大学同学。
'날„요,이거'따,쉬에,통,쉬에

거기 내 대학 친구가 하나 있어.

tā zhù zài Lì jiāng   tā huì bāng nǐ de
他住在丽江,他会帮你的。
"타'주'자이'리"쟝   "타'훼이"빵„니더

려강에 사는데 널 도와 줄거야.

B hǎo qī dài a
好期待啊!
„하오"치'다이아

진짜 기대돼요.

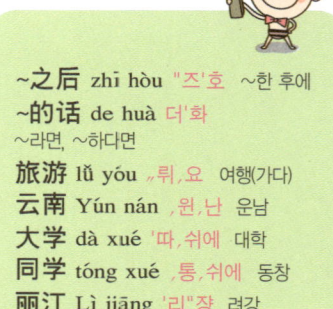

~之后 zhī hòu "즈'호 ~한 후에
~的话 de huà 더'화
  ~라면, ~하다면
旅游 lǚ yóu „뤼ˇ요 여행(가다)
云南 Yún nán ,윈,난 운남
大学 dà xué '따,쉬에 대학
同学 tóng xué 통,쉬에 동창
丽江 Lì jiāng '리"쟝 려강
期待 qī dài "치'다이 기대되다

会话 34

중국에는 맛나는 요리들이 많죠
진짜 중국에 가서 원조의 맛을 느껴봐요

A nǐ gěi wǒ tuī jiàn yí xià hǎo chī de zhōng guó cài
你给我推荐一下好吃的中国菜。
"니"게이"워"퉤이'젠, 이'샤" 하오"츠더"종,궈'차이
중국 요리 소개해 줘 봐.

B wǒ zuì xǐ huan chuān cài hé yuè cài
我最喜欢川菜和粤菜。
"워'쮀이"시환"찬'차이,허'위에'차이
난 사천요리랑 광동요리 제일 좋아해.

chuān cài bǐ jiào là   yuè cài hěn qīng dàn
川菜比较辣，粤菜很清淡。
"찬'차이"비'쟈오'라   '위에'차이"헌"칭'단
사천요리는 좀 맵고, 광동 건 담백해.

chuāncài wǒ zuì xǐ huan chī huǒ guō
川菜我最喜欢吃火锅，
"찬'차이"워'쮀이"시환"츠"훠"궈
사천요리 중에서 훠궈가 제일 좋고,

yuè cài zuì yǒu míng de shì diǎn xin
粤菜最有名的是点心。
'위에'차이'쮀이,요,밍더'스"뎬신
광동요리 중 제일 유명한 건 딤섬이야.

A yì xiǎng dào hǎo chī de jiù è le
一想到好吃的就饿了。
'이"샹'다오,하오"츠더'죠'어러
맛있는 거 생각하니까 배고프다.

new word

推荐 tuī jiàn "퉤이'젠 추천하다
川菜 chuān cài "찬'차이 사천요리
粤菜 yuè cài '위에'차이 광동요리
比较 bǐ jiào "비'쟈오 비교적
清淡 qīng dàn "칭'단 담백하다
火锅 huǒ guō "훠"궈 훠궈(샤브샤브)
有名 yǒu míng ,요,밍 유명하다
点心 diǎn xin "뎬신 딤섬
饿 è '어 배고프다

활용 연습

앞에서 배웠던 것을 활용하여 응용하는 시간!

1 你学完汉语之后要做什么? 니,쉬에,완'한,,위"즈'호'야오'쩌, 선머 중국어 배우고 나서 뭐 할 거야?

어찌하다	~한 후에	어찌하다
我们看完电影 ,,워먼'칸,,완'뎬,,잉 우리는 영화를 다 보다 你到韩国 ,,니'따오,,한,궈 너는 한국에 도착하다 晚上10点 ,,완샹,,스,,뎬 저녁 10시 她去学校 ,,타'취,,쉬에'샤오 그녀가 학교에 가다	+ 之后 "즈'호 +	去吃饭吧 '취"츠'판바 밥을 먹으로 가다 跟我联系 "껀,,워,,롄'시 나에게 연락하다 一直在家 '이,,즈'짜이"쟈 계속 집에 있다 开始下雨了 "카이,,'스,,'샤,,위러 비가 내리기 시작했다

2 可以的话想去旅游。,,커,,이더'화,,샹'취,,뤼,,요 가능하다면 여행을 가고 싶어요.

어찌하다	~면	어찌하다
你不想吃 ,,니'부,,샹"츠 너는 먹고 싶지 않다 你没有钱 ,,니,메이,,요,,첸 너는 돈이 없다 便宜点儿 ,,펜이,,댤 좀 싸다 今天不来 "진"톈'부,,라이 오늘 못 오다	+ 的话 더'화 +	给我 ,,게이,,워 나에게 주다 可以刷卡 ,,커,,이"솨,,카 카드를 긁으면 된다 我买三个 ,,워,,마이"싼거 나는 세 개를 산다 明天没有货 ,밍"톈,메이,,요,,훠 내일은 물건이 없다

활용 연습
앞에서 배웠던 것을 활용하여 응용하는 시간!

3. 听说云南很漂亮。 "팅"쉬,윈,난,"헌'퍄오량 운남성이 아주 예쁘다고 하더라구요.

라더라	무엇이 / 누가	어찌하다
听说 "팅"쉬 +	他的爸爸 "타더'빠바 그의 아빠 明天的会 ,밍"텐더'훼이 내일 모임 济州岛 '지"조,다오 제주도 那里的门票 ,나리더,먼'퍄오 거기 입장권 在你们学校 ,짜이,니먼더,쉬에'샤오 우리 학교 +	是大学教授 "스'따,쉬에'쟈오'소 대학교수이다 取消了 ,취"샤오러 최소되다 很漂亮 ,헌'퍄오량 예쁘다 比以前贵了 ,비"이,첸'꿰이러 이전보다 비싸다 有活动 ,요,휘'둥 활동이 있다

4. 一想到好吃的就饿了。'이,샹'다오,,하오"츠더'죠'어러 맛있는 거 생각하니까 배가 고파져요.

누가		어찌하면		어찌하다
他 "타 그 病 '삥 병 我妹妹 "워'메이메이 여동생 我 ,워 나	+ 一 '이 +	进门 '진,먼 문으로 들어오다 吃药 "츠'야오 약을 먹다 有时间 ,요,스'젠 시간이 있으면 吃完饭 "츠,완'판 저녁을 먹다	+ 就 '죠 +	找小狗 ,자오,샤오,고 강아지를 찾다 好了 ,하오러 좋아지다 跟朋友出去玩 "껀,펑요"추'취,완 친구와 나가 논다 很困 ,헌'쿤 졸립다

기본 문법
기본적인 문법 정도는 알아야 입이 열린다!

~之前, ~之后

'~하기 전에'와 '~한 후에'의 뜻으로 아주 쉽게 쓸 수 있는 표현이다.

10点之前, 他会回来的。 스뎬즈 첸 타훼이 훼이 라이더
10시 전에 돌아올 거예요.

吃饭之前, 一定要洗手。 츠판즈 첸 이딩야오 씨소
밥 먹기 전에 꼭 손을 씻으세요.

10点之后来吧。 스뎬즈호 라이바 10시 후에 오시오.

~的话

'~한다면'. 조건절 중 회화에서 가장 많이 쓰이는 용법이다.

明天下雨的话, 我们不去。 밍톈샤 위더화 워먼 부취
내일 비가 오면 우린 안 가요.

你没有时间的话, 我过去。 니 메이 요 스젠더화 워궈취
너가 시간이 없으면 내가 갈게.

贵的话, 不买。 꿰이더화 부마이 비싸면 안 살 거예요.

一 A 就 B

세 가지 뜻으로 요약된다.

❶ A 하자마자 B하다

一出去就下雨。 이추먼죠샤위 나가자마자 비가 왔다.
一到学校就有人找我。 이따오 쉬에샤오 요 런 자오 워
학교에 도착하자마자 누가 찾아왔다.

❷ A 하기만 하면 B 하다

一下雨就出去。 이샤위죠추취 비가 오기만 하면 나간다.
一有钱就去买衣服。 이요첸죠취마이이푸 돈만 있으면 옷을 사러 간다.

❸ 딱 A 하면 B하다

一看就知道。 이칸죠즈다오 딱 보면 안다.
一听就明白。 이팅죠밍바이 한번 들으면 이해한다.

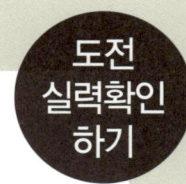

A 제시된 단어를 재배열하여 문장을 완성하시오.

① 之后 / 来韩国 / 去过 / 什么地方 / 你
　→ _____ 。너 한국 온 후에 어디 가 봤어?

② 明天 / 学校 / 不去 / 出去玩吧 / 的话
　→ _____ 。내일 학교 안가면 나가서 놀자

③ 可以 / 的话 / 想 / 四个 / 买
　→ _____ 。가능하면 4개 사고 싶다

④ 韩国人 / 还是 / 中国人 / 就知道 / 一看 / 我
　→ _____ 。
　한국 사람인지 중국 사람인지 나는 척 보면 안다

B 상황에 맞게 제시된 질문에 대한 답을 중국어로 쓰시오.

① Q 你学完汉语之后, 最想做什么?
　A → _____ 。나는 중국에 유학 가고 싶다

② Q 去中国的话, 你最想去哪儿?
　A → _____ 。
　나는 서안에 가서 병마용을 보고 싶다

③ Q 一想到中国, 你就想起什么? (想起, 생각나다)
　A → _____ 。나는 중국요리가 생각난다

해답 167page

163

큰 소리로 열 번씩 따라 읽으면서 복습하자.

❶ ✓ ❷ ☐ ❸ ☐ ❹ ☐ ❺ ☐ ❻ ☐ ❼ ☐ ❽ ☐ ❾ ☐ ❿ ☐

1 你学汉语之后要做什么？
nǐ xué hàn yǔ zhī hòu yào zuò shén me „니‚쉬에'한„위"즈'호'야오'쭤‚선머
중국어 배우고 나서 뭐 할 거야?

2 可以的话，我想去旅游。
kě yǐ de huà wǒ xiǎng qù lǚ yóu „커‚이더'화 „워‚샹'취„뤼‚요
가능하다면 여행가고 싶어요.

3 听说中国的云南很漂亮。
tīng shuō Zhōngguóde Yúnnán hěn piào liang "팅"쒀"종‚궈더‚윈‚난„헌'파오량
중국의 윈난이 예쁘다고 하더라구요.

4 我最喜欢川菜和粤菜。
wǒ zuì xǐ huan chuān cài hé yuè cài „워'쮀이„시환"촨'차이‚허'위에'차이
난 사천요리랑 광동요리 제일 좋아해.

5 川菜比较辣，粤菜很清淡。
chuān cài bǐ jiào là yuè cài hěn qīng dàn "촨'차이„비'쟈오'라 '위에'차이„헌"칭'단
사천 요리는 좀 맵고, 광동 건 담백해.

6 一想到好吃的就饿了。
yì xiǎng dào hǎo chī de jiù è le '이„샹'다오„하오"츠더'죠'어러
맛있는거 생각하니까 배고프다.

연습문제 답안

UNIT 1 해답

Ⓐ 1 老师好   2 我叫王小明   3 您贵姓

Ⓑ 1 早上好!   2 他叫什么名字?   3 叫我小明。

UNIT 2 해답

Ⓐ 1 不太好   2 不好   3 还行   4 很好

Ⓑ 1 我很好   2 还行   3 好久不见!   4 你忙吗?

UNIT 3 해답

Ⓐ 1 他叫小明吗?   2 菲菲是老师吗?   3 妈妈认识他吗?   4 这是你的手机吗?
5 今天天气好吗?

Ⓑ 1 他是谁?   2 这是什么?   3 小明是谁?

UNIT 4 해답

Ⓐ 1 我要一杯茶。   2 老师要一个苹果。   3 冰箱里有一瓶可乐。

Ⓑ 1 本   2 本   3 瓶   4 杯

UNIT 5 해답

Ⓐ 1 有事吗   2 今天几月几号   3 现在几点   4 几点几分到

Ⓑ 1 五点二十分   2 六点   3 五月十五号   4 八月二十七号

UNIT 6 해답

Ⓐ 1 来一瓶可乐   2 祝你生日快乐   3 我没有吃晚饭   4 你要不要跟我们一起吃饭

Ⓑ 1 不看 → 看了 → 没有看   2 不买 → 买了 → 没有买
3 不写 → 写了 → 没有写   4 不学 → 学了 → 没有学

UNIT 7 해답

Ⓐ 1 吃了吗 2 要等多长时间 3 来这儿多长时间了 4 觉得怎么样

Ⓑ 1 我学汉语一个月了。 2 买了半年了。 3 这本书我要学三个月。
　4 我今天要学两个小时。

UNIT 8 해답

1 C 2 E 3 D 4 B 5 A

UNIT 9 해답

Ⓐ 1 你喜欢吃韩国菜吗？ 2 你不要在这儿玩儿。
　3 这个菜有点儿辣。 4 这个桌子小一点儿。

Ⓑ 1 我喜欢吃炒饭。 2 很好吃。但有点儿辣。 3 我想去中国餐厅。

UNIT 10 해답

Ⓐ 1 里 2 边 3 想 4 在 5 给

Ⓑ 1 昨天我去学校学习了。
　2 今天在家跟朋友吃饭。
　3 吃泡菜我也胃疼。

UNIT 11 해답

Ⓐ 1 从 2 吧 3 到 4 过 5 可能

Ⓑ 1 我没去过中国。 2 我吃过中国菜。 3 我喝过酒。
　4 我没去过济州岛。 5 我看过了。

UNIT 12 해답

Ⓐ 1 一点儿 2 一会儿 3 只能 4 一点儿 5 就

Ⓑ 1 多吃点儿水果 2 帮我接一下电话 3 少喝点儿酒 4 帮我看一会儿孩子

UNIT 13 해답

Ⓐ 1 上海比首尔还热。 2 你们谁更高? 3 我们班他的英语最好。
4 我喜欢看书。 5 姐姐比我大两岁。

Ⓑ 1 比 2 三岁 3 容易 4 给 5 差不多 6 更

UNIT 14 해답

Ⓐ 1 他们在问我一个问题。 2 老师正在说昨天的事儿。
3 我去医院呢。 4 孩子在看电视。 5 妈妈在接电话呢。

Ⓑ 1 已经 2 把 3 呢 4 跟 5 在 6 容易

UNIT 15 해답

Ⓐ 1 该去睡觉了 2 这么好吃的菜好久没吃了 3 天气越来越热了
4 你记得明天早点儿来 5 昨天吃得太多了

Ⓑ 1 玩得高兴 2 吃得很多 3 听得很清楚 4 冷得要开暖气
5 长得很漂亮

UNIT 16 해답

Ⓐ 1 听不懂他们在说什么 2 我们没做完今天的作业
3 有的菜不能吃 4 我刚才没有看见

Ⓑ 1 没做完　做得完　做不完
2 没进去　进得去　进不去
3 没看懂　看得懂　看不懂
4 没写好　写得好　写不好
5 没站住　站得住　站不住

UNIT 17 해답

Ⓐ 1 你来韩国之后, 去过什么地方?
2 明天不去学校的话, 出去玩吧。
3 可以的话, 想买四个。
4 韩国人还是中国人, 我一看就知道。

Ⓑ 1 我想去中国留学。　　2 我想去西安, 想看兵马俑。
3 我想起中国菜来。

Chapter 5

기본 단어

회화의 기본은 단어를 많이 아는 것이다. 단어를 많이 알고 있어야 회화를 훌륭하게 구사할 수 있으며 막힘이 없다. 우리가 알아야 할 기본 단어들을 그림과 같이 구성해서 좀 더 쉽게 오래 기억할 수 있도록 하였다. 하루에 분량을 정해 놓고 무한 반복으로 익히는 것이 좋다.

脸 [liǎn] 롄 얼굴

前额 [qián'é] 첸.어 이마

眉毛 [méimao] 메이마오 눈썹

眼睛 [yǎnjing] 옌징 눈

鼻子 [bízi] 비즈 코

嘴巴 [zuǐ] 쮀이바 입

下巴 [xiàba] 샤바 턱

头 [tóu] 토 머리

眼睫毛 [yǎnjiémáo] 옌.졔.마오 속눈썹

头发 [tóufa] 토파 머리카락

耳朵 [ěrduo] 알둬 귀

腮 [sāi] 싸이 볼

牙齿 [yáchǐ] 야.츠 이

嘴唇 [zuǐchún] 쮀이.춘 입술

身体 [shēntǐ] "선"티 신체

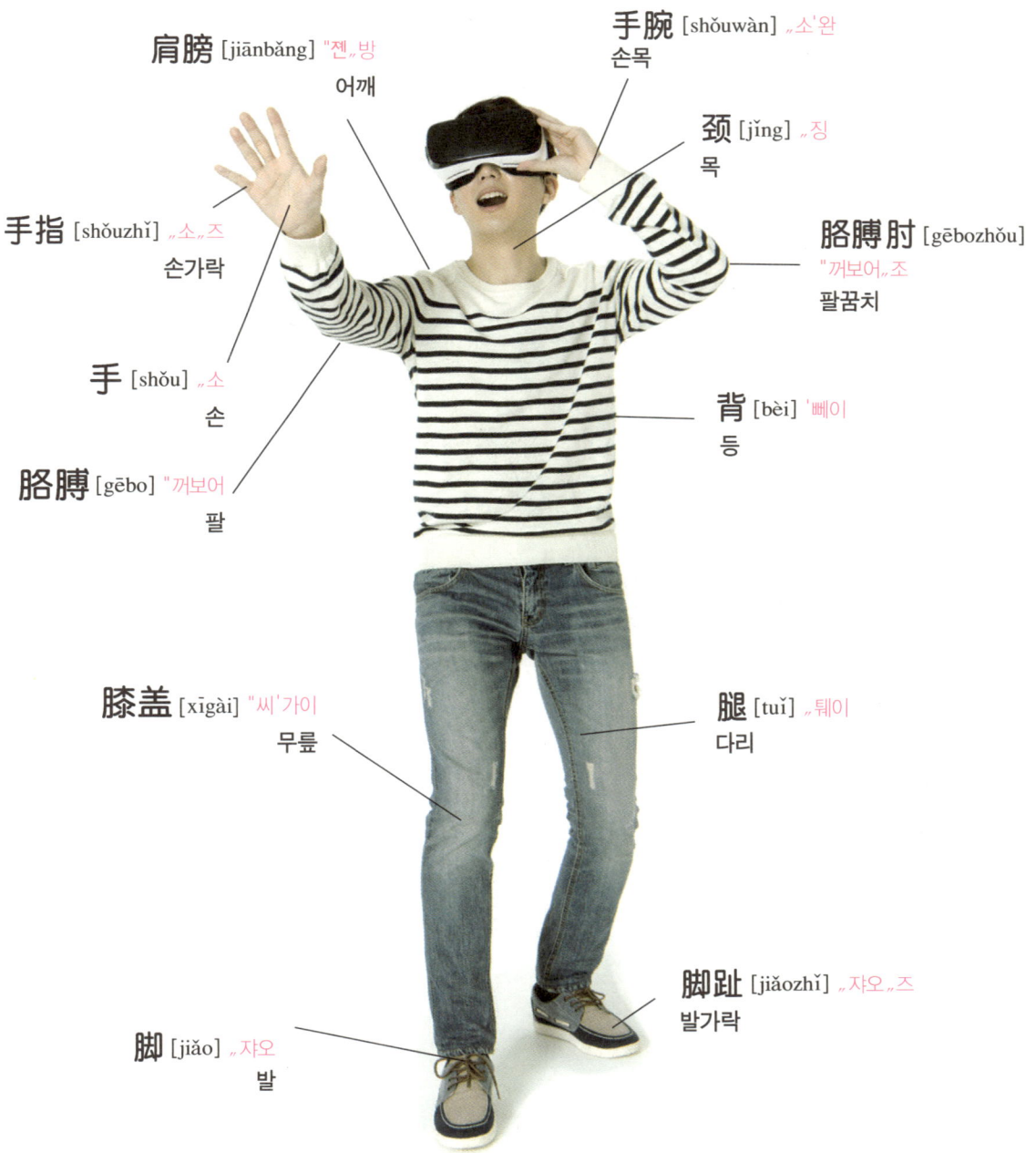

肩膀 [jiānbǎng] "젠"방 어깨

手腕 [shǒuwàn] "소'완 손목

颈 [jǐng] "징 목

手指 [shǒuzhǐ] "소"즈 손가락

胳膊肘 [gēbozhǒu] "꺼보어"조 팔꿈치

手 [shǒu] "소 손

背 [bèi] '뻬이 등

胳膊 [gēbo] "꺼보어 팔

膝盖 [xīgài] "씨'가이 무릎

腿 [tuǐ] "퉤이 다리

脚趾 [jiǎozhǐ] "쟈오"즈 발가락

脚 [jiǎo] "쟈오 발

家族 [jiāzú] "쟈,주 가족

爷爷 [yéye]
͵예예 할아버지

奶奶 [nǎinai]
͵͵나이나이 할머니

父亲 [fùqīn]
'푸"친 아버지

妈妈 [māma]
"마마 엄마

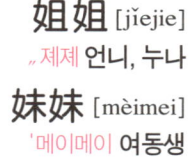

姐姐 [jiějie]
͵͵제제 언니, 누나

妹妹 [mèimei]
'메이메이 여동생

弟弟 [dìdi]
'띠디 남동생

哥哥 [gēge]
"꺼거 형, 오빠

婶婶 [shěnshen]
͵͵선선
숙모, 작은어머니

儿子 [érzi]
͵알즈 아들

女儿 [nǚ'ér]
͵͵뉘͵알 딸

侄子 [zhízi]
͵즈즈 조카

叔叔 [shūshu]
"수수 삼촌

表兄弟 [biǎoxiōngdì]
"뱌오"숑'디 외사촌

侄女 [zhínǚ]
"즈"뉘
질녀, 조카딸

姐夫 [jiěfu]
"졔푸 매형

嫂子 [sǎozi]
"싸오즈 형수

丈人 [zhàngrén]
'장"런 장인

丈母 [zhàngmǔ]
'장"무 장모

孙子 [sūnzi]
"쑨즈 손자

寝室 [qǐnshì] 친'스 침실

1. 窗 [chuāng] 추앙 창문
2. 窗帘 [chuānglián] 추앙,롄 커튼
3. 花盆 [huāpén] 화,펀 화분
4. 收音机 [shōuyīnjī] 소인지 라디오
5. 书桌 [shūzhuō] 수쭤 책상
6. 椅子 [yǐzi] 이즈 의자
7. 蹭脚垫 [cèngjiǎodiàn] 청,쟈오'뎬 구두 흙털개
8. 墙 [qiáng] 챵 벽
9. 门 [mén] 먼 문

- ⑩ 安乐椅 [ānlèyǐ] "안'러"이 안락의자
- ⑪ 电视机 [diànshìjī] '뎬'스"지 텔레비전
- ⑫ 沙发 [shāfā] "사"파 소파
- ⑬ 茶几 [chájī] ,차"지 차탁자
- ⑭ 梳妆台 [shūzhuāngtái] "수"주앙,타이 화장대
- ⑮ 床 [chuáng] ,추앙 침대
- ⑯ 毛毯 [máotǎn] ,마오,탄 담요
- ⑰ 枕头 [zhěntou] ,전토 베개
- ⑱ 台灯 [táidēng] ,타이"덩 전기 스탠드
- ⑲ 钟 [zhōng] "종 시계

客厅 [kètīng] '커"팅 거실

① 对讲机 [duìjiǎngjī] '뒈이"장"지 인터폰
② 窗户 [chuānghu] "추앙후 창문
③ 电视 [diànshì(jī)] '뎬"스 텔레비전
④ 沙发 [shāfā] "사"파 소파
⑤ 垃圾桶 [lājītǒng] "라"지"통 쓰레기통
⑥ 吸尘机 [xīchénjī] "씨"천"지 진공 청소기
⑦ 音响 [yīnxiǎng] "인"샹 오디오
⑧ 遥控器 [yáokòngqì] ,야오'콩"치 리모컨
⑨ 月历 [yuèlì] '위에'리 달력
⑩ 地毯 [dìtǎn] '띠"탄 카펫
⑪ 地板 [dìbǎn] '띠"반 마룻바닥

饭店 [fàndiàn] '판'뎬 식당

1. 筷子 [kuàizi] '콰이즈 젓가락
2. 叉子 [chāzi] "차즈 포크
3. 面包 [miànbāo] '몐"바오 빵
4. 玻璃杯 [bōlibēi] "뽀리"베이 유리컵
5. 果汁 [guǒzhī] „궈ˇ즈 주스
6. 鸡蛋 [jīdàn] "지'단 계란
7. 盐 [yán] ˏ옌 소금
8. 鱼 [yú] ˏ위 생선
9. 刀 [dāo] "따오 칼
10. 牛奶 [niúnǎi] ˏ뇨„나이 우유
11. 调料 [tiáoliào] ˏ탸오'랴오 조미료
12. 肉 [ròu] 'ˏ로 고기
13. 白砂糖 [báishātáng] ˏ바이"사ˏ탕 설탕
14. 咖啡 [kāfēi] "카"페이 커피
15. 勺子 [sháozi] ˏ사오즈 숟가락
16. 饭 [fàn] '판 밥
17. 杯子 [bēizi] "뻬이즈 컵
18. 碟子 [diézi] ˏ뎨즈 접시

177

厨房 [chúfáng] 추팡 부엌

1. 搅拌器 [jiǎobànqì] 쟈오빤치 믹서
2. 砧板 [zhēnbǎn] 전반 도마
3. 围裙 [wéiqún] 웨이췬 앞치마
4. 碗橱 [wǎnchú] 완추 찬장
5. 罐头起子 [guàntouqǐzi] 꽌토치즈 깡통 따개
6. 罐头 [guàntou] 꽌토 깡통
7. 烤面包机 [kǎomiànbāojī] 카오몐바오지 토스터
8. 电冰箱 [diànbīngxiāng] 뎬빙샹 냉장고
9. 垃圾桶 [lājītǒng] 라지통 쓰레기통
10. 食品加工机 [shípǐnjiāgōngjī] 스핀쟈공지 식품가공기

⑪ 洗洁精 [xǐjiéjīng] „씨„제"징 설거지세제
⑫ 百洁布 [bǎijiébù] „바이„제'부 수세미
⑬ 水龙头 [shuǐlóngtóu] „쉐이„롱„토 수도꼭지
⑭ 咖啡机 [kāfēijī] "카"페이"지 커피메이커
⑮ 茶壶 [cháhú] „차„후 찻주전자
⑯ 纸巾 [zhǐjīn] „즈"진 종이수건
⑰ 汤锅 [tāngguō] "탕"궈 국냄비

⑱ 平底锅 [píngdǐguō] „핑„디"궈 후라이팬
⑲ 微波炉 [wēibōlú] "웨이"보„루 전자레인지
⑳ 洗碗槽 [xǐwǎncáo] „씨„완„차오 싱크대

快餐 [kuàicān] '콰이"찬 패스트푸드

① 汉堡包 [hànbǎobāo] '한„바오"바오 햄버거
② 三明治 [sānmíngzhì] "싼„밍즈 샌드위치
③ 薯条 [shǔtiáo] „수„탸오 감자튀김
④ 炸鸡 [zhájī] „자"지 프라이드치킨
⑤ 比萨饼 [bǐsàbǐng] „비'싸„빙 피자
⑥ 甜甜圈 [tiántiánquān] „톈„톈"취엔 도넛
⑦ 吸管 [xīguǎn] "씨„관 빨대
⑧ 冷饮 [lěngyǐn] „렁„인 청량음료
⑨ 芥末 [jièmo] '제„모어 겨자
⑩ 可乐 [kělè] „커'러 콜라

办公室 [bàngōngshì] '빤'공'스 사무실

1. 打印机 [dǎyìnjī] 따'인'지 프린터
2. 传真 [chuánzhēn] 촨"전 팩스
3. 电话 [diànhuà] '뎬'화 전화
4. 显示器 [xiǎnshìqì] 셴'스'치 모니터
5. 电脑 [diànnǎo] '뎬"나오 컴퓨터
6. 鼠标垫 [shǔbiāodiàn] 수"뱌오'뎬 마우스 패드
7. 台灯 [táidēng] 타이"덩 스탠드
8. 文件柜 [wénjiànguì] 원'젠'궤이 서류 캐비닛
9. 公文包 [gōngwénbāo] "꽁,원"바오 서류 가방
10. 复印机 [fùyìnjī] '푸'인"지 복사기
11. 文件夹 [wénjiànjiā] 원'젠"쟈 서류철
12. 键盘 [jiànpán] '젠,판 키보드
13. 鼠标 [shǔbiāo] 수"뱌오 마우스
14. 隔板 [gébǎn] 거,반 칸막이

交通运输 [jiāotōngyùnshū] "쟈오"통'윈"수 탈것

1. 公共汽车 [gōnggòngqìchē] "꽁"공'치"처 버스
2. 列车 [lièchē] '례"처 열차
3. 飞机 [fēijī] "페이"지 비행기
4. 直升飞机 [zhíshēngfēijī] 즈"성"페이"지 헬리콥터
5. 吉普车 [jípǔchē] ,지,푸"처 지프차
6. 船 [chuán] ,추안 배
7. 游艇 [yóutǐng] ,요,팅 유람선, 요트
8. 快艇 [kuàitǐng] '콰이,팅 쾌속정, 모터보트
9. 渡船 [dùchuán] '뚜,추안 나룻배

- ⑩ 汽车 [qìchē] "치"처 자동차
- ⑪ 自行车 [zìxíngchē] "쯔,싱"처 자전거
- ⑫ 摩托车 [mótuōchē] "모"퉈"처 오토바이
- ⑬ 加长车 [jiāchángchē] "쟈,창"처 리무진
- ⑭ 小摩托车 [xiǎomótuōchē] "샤오,모"퉈"처 스쿠터
- ⑮ 地铁 [dìtiě] "띠,테 지하철
- ⑯ 卡车 [kǎchē] "카"처 트럭
- ⑰ 轻型飞机 [qīngxíngfēijī] "칭,싱"페이"지 경비행기
- ⑱ 喷气机 [pēnqìjī] "펀"치"지 제트기

丘山 [qiūshān] "ㅊㅑ"산 자연

- ① 大海 [dàhǎi] "따"하이 바다
- ② 山 [shān] "산 산
- ③ 江 [jiāng] "쟝 강
- ④ 湖 [hú] ,후 호수
- ⑤ 平原 [píngyuán] ,핑,위엔 평원
- ⑥ 丘陵 [qiūlíng] "ㅊㅑ,링 구릉, 언덕
- ⑦ 山崖 [shānyá] "산,야 절벽
- ⑧ 丛林 [cónglín] ,총,린 숲
- ⑨ 溪谷 [xīgǔ] "씨,구 계곡
- ⑩ 山涧 [shānjiàn] "산'졘 개울

- ⑪ **高原** [gāoyuán] "까오ˌ위엔 고원
- ⑫ **洞窟** [dòngkū] '똥"쿠 동굴
- ⑬ **沙漠** [shāmò] "사'모어 사막
- ⑭ **火山** [huǒshān] „훠"산 화산
- ⑮ **瀑布** [pùbù] '푸'부 폭포
- ⑯ **岩石** [yánshí] ˌ옌ˌ스 바위, 암석
- ⑰ **海边** [hǎibiān] „하이"볜 해변
- ⑱ **密林** [mìlín] '미ˌ린 밀림

城市 [chéngshì] ,청'스 도시

① 学校 [xuéxiào] ,쉬에'샤오 학교
② 教会 [jiàohuì] '쟈오'훼이 교회
③ 酒楼 [jiǔlóu] ,죠,로 술집
④ 加油站 [jiāyóuzhàn] "쟈,요'잔 주유소
⑤ 停车场 [tíngchēchǎng] ,팅"처,창 주차장
⑥ 饭馆 [fànguǎn] '판,관 음식점
⑦ 地铁站 [dìtiězhàn] '띠,테'잔 전철역
⑧ 红绿灯 [hónglǜdēng] ,훙'뤼"덩 교통 신호등
⑨ 英语培训班 [yīngyǔpéixùnbān] "잉,위,페이'쉰"빤 영어 학원
⑩ 人行横道 [rénxínghéngdào] ,런,싱,헝'다오 횡단보도
⑪ 图书馆 [túshūguǎn] ,투"수,관 도서관
⑫ 饭店 [fàndiàn] '판'뎬 호텔
⑬ 人行道 [rénxíngdào] ,런,싱'다오 인도
⑭ 机场 [jīchǎng] "지,창 공항
⑮ 路灯 [lùdēng] '루"덩 가로등
⑯ 马路 [mǎlù] ,마'루 찻길

- ⑰ 发廊 [fàláng] '파,랑 이발소
- ⑱ 药店 [yàodiàn] '야오'뎬 약국
- ⑲ 公园 [gōngyuán] "꽁,위엔 공원
- ⑳ 电影院 [diànyǐngyuàn] '뎬,,잉'위엔 영화관
- ㉑ 网吧 [wǎngbā] „왕"빠 PC방
- ㉒ 澡堂 [zǎotáng] „자오,탕 목욕탕
- ㉓ 百货商店 [bǎihuòshāngdiàn] „바이|'훠"상'뎬 백화점
- ㉔ 公寓 [gōngyù] "꽁'위 아파트
- ㉕ 派出所 [pàichūsuǒ] '파이|"추„쉬 파출소
- ㉖ 健身房 [jiànshēnfáng] '젠"선,팡 헬스 클럽
- ㉗ 银行 [yínháng] ,인,항 은행
- ㉘ 公共汽车站 [gōnggòngqìchēzhàn] "꽁'공'치"처'잔 버스 정류소
- ㉙ 书店 [shūdiàn] "수'뎬 서점
- ㉚ 医院 [yīyuàn] "이'위엔 병원

187

家 [jiā] "쟈 집

① 屋顶 [wūdǐng] "우„딩 지붕
② 窗户 [chuānghu] "추앙후 창문
③ 厨房 [chúfáng] ‚추‚팡 부엌
④ 卧室 [wòshì] ‚워‚스 침실
⑤ 客厅 [kètīng] ‚커"팅 거실
⑥ 餐厅 [cāntīng] "찬"팅 식당
⑦ 房间 [fángjiān] ‚팡"젠 방
⑧ 楼梯 [lóutī] ‚로"티 계단
⑨ 墙 [qiáng] ‚챵 벽
⑩ 门 [mén] ‚먼 문
⑪ 大门 [dàmén] ‚따‚먼 대문
⑫ 门廊 [ménláng] ‚먼‚랑 현관

- ⑬ **门铃** [ménlíng] ,먼,링 초인종
- ⑭ **车库** [chēkù] "처'쿠 차고
- ⑮ **地下室** [dìxiàshì] '띠'샤'스 지하실
- ⑯ **私家车道** [sījiāchēdào] "쓰"쟈"처'다오 사유차도
- ⑰ **篱笆** [líba] ,리바 울타리
- ⑱ **院子** [yuànzi] '위엔즈 마당
- ⑲ **信箱** [xìnxiāng] '신"샹 우편함

衣服 [yīfu] "이푸 옷

袜子 [wàzi]
'와즈 양말

手套 [shǒutào]
„소'타오 장갑

裤子 [kùzi]
'쿠즈 바지

牛仔裤 [niúzǎikù]
뇨„자이'쿠 청바지

坎肩 [kǎnjiān]
„칸"젠 조끼

领带 [lǐngdài]
„링'다이 넥타이

衬衣 [chènyī]
'천"이 셔츠

睡衣 [shuìyī]
'쉐이"이 잠옷

裙子 [qúnzi]
„췬즈 치마

长筒袜 [chángtǒngwà]
,창,,통'와 스타킹

大衣 [dàyī]
'따"이 외투

雨衣 [yǔyī]
,,위"이 비옷

毛衣 [máoyī]
,마오"이 스웨터

罩衫 [zhàoshān]
'자오"산 블라우스

短裤 [duǎnkù]
,,두안'쿠 반바지

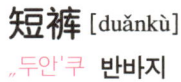

工作服 [gōngzuòfú]
"꽁'쭤,푸 점퍼, 작업복

围巾 [wéijīn]
,웨이"진 목도리

夹克 [jiākè]
"쟈'커 재킷

蔬菜 [shūcài] "수'차이 야채

卷心菜 [juǎnxīncài]
"쥐엔"신'차이 양배추

生菜 [shēngcài]
"성'차이 상추

甜椒 [tiánjiāo]
,텐"쟈오 피망

芹菜 [qíncài]
,친'차이 샐러리

土豆 [tǔdòu]
,투'도 감자

胡萝卜 [húluóbo]
,후,뤄보 당근

西兰花 [xīlánhuā]
"씨,란"화 브로콜리

黄瓜 [huángguā]
,황"과 오이

地瓜 [dìguā]
'띠"과 고구마

洋葱 [yángcōng]
양˝총 양파

南瓜 [nánguā]
난˝과 호박

芦笋 [lúsǔn]
루˝쑨 아스파라거스

菠菜 [bōcài]
˝뽀˝차이 시금치

大蒜 [dàsuàn]
˝따˝쑤안 마늘

蘑菇 [mógu]
모어구 버섯

萝卜 [luóbo]
뤄보 무

大豆 [dàdòu]
˝따˝도 콩

水果 [shuǐguǒ] "쉐이"궈 과일

草莓 [cǎoméi]
"차오"메이 딸기

柿子 [shìzi]
'스즈 감

甜瓜 [tiánguā]
"톈"과 메론

栗子 [lìzi]
'리즈 밤

香蕉 [xiāngjiāo]
"샹"쟈오 바나나

菠萝 [bōluó]
"뽀"뤄 파인애플

橙子 [chéngzi]
청즈 오렌지

柠檬 [níngméng]
닝멍 레몬

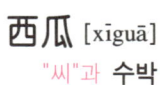

西瓜 [xīguā]
"씨"과 수박

花 [huā] "화 꽃

向日葵 [xiàngrìkuí]
'샹'르,퀘이 해바라기

玫瑰 [méiguī]
메이"궤이 장미

荷花 [héhuā]
허"화 연꽃

蒲公英 [púgōngyīng]
푸"꽁"잉 민들레

波斯菊 [bōsījú]
"뽀"쓰,쥐 코스모스

六月雪 [liùyuèxuě]
'료'위에,,쉬에 안개꽃

郁金香 [yùjīnxiāng]
'위"진"샹 튤립

兰花 [lánhuā]
,란"화 난초

喇叭花 [lǎbahuā]
„라바"화 나팔꽃

百合 [bǎihé]
„바이„허 백합

木槿花 [mùjǐnhuā]
'무„진"화 무궁화

康乃馨 [kāngnǎixīn]
"캉„나이"신 카네이션

迎春花 [yíngchūnhuā]
„잉"춘"화 개나리

杜鹃 [dùjuān]
'두"쥐엔

罂粟花 [yīngsùhuā]
"잉'쑤"화 양귀비

菊花 [júhuā]
„쥐"화 국화

动物 [dòngwù] '똥'우 동물

老虎 [lǎohǔ] „라오„후 호랑이

乌龟 [wūguī] "우"궤이 거북이

斑马 [bānmǎ] "빤„마 얼룩말

大象 [dàxiàng] '따'샹 코끼리

鹿 [lù] '루 사슴

老鼠 [lǎoshǔ] „라오„수 쥐

狮子 [shīzi] "스즈 사자

熊 [xióng] „숑 곰

199

体育 [tǐyù] 티'위 스포츠

足球 [zúqiú]
,주,쵸 축구

橄榄球 [gǎnlǎnqiú]
,,깐,,란,쵸 럭비

篮球 [lánqiú]
,란,쵸 농구

慢跑 [mànpǎo]
'만,,파오 조깅

高尔夫球 [gāo'ěrfūqiú]
"까오,,얼"푸,쵸 골프

排球 [páiqiú]
,파이,쵸 배구

棒球 [bàngqiú]
'빵,쵸 야구

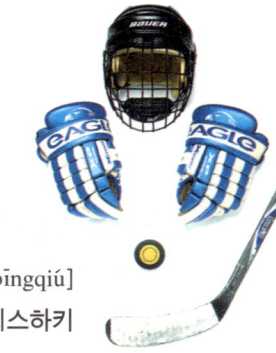
冰球 [bīngqiú]
"뼁,쵸 아이스하키

201

职业 [zhíyè] 즈'예 직업

画家 [huàjiā] '화"쟈 화가

歌手 [gēshǒu] "꺼"소 가수

警察 [jǐngchá] "징"차 경찰

演艺明星 [yǎnyìmíngxīng] "옌'이"밍"싱 연예인

烘焙师 [hōngbèishī] "홍'베이"스 제빵사

作家 [zuòjiā] '쭤"쟈 작가

护士 [hùshi] '후스 간호사

医生 [yīshēng] "이"성 의사

机修工 [jīxiūgōng]
"지"쑈"공 정비사

教师 [jiàoshī]
'쟈오"스 교사

厨师 [chúshī]
„추"스 요리사

军人 [jūnrén]
"쥔,런 군인

记者 [jìzhě]
'지„저 기자

农夫 [nóngfū]
„농"푸 농부

飞行员 [fēixíngyuán]
"페이,싱,위엔 조종사

鸟 [niǎo] 냐오 조류

老雕 [lǎodiāo] 라오댜오 독수리

燕子 [yànzi] 옌즈 제비

鹦鹉 [yīngwǔ] 잉우 앵무새

麻雀 [máquè] 마취에 참새

乌鸦 [wūyā] 우야 까마귀

海鸥 [hǎiōu] 하이오 갈매기

鹰 [yīng] 잉 매

蝙蝠 [biānfú] 볜푸 박쥐

猫头鹰 [māotóuyīng] 마오토잉 부엉이

鸽子 [gēzi]
"꺼즈 비둘기

天鹅 [tiān'é]
"톈,어 백조

鸭子 [yāzi]
"야즈 오리

公鸡 [gōngjī]
"꿍"지 수탉

母鸡 [mǔjī]
„무"지 암탉

云雀 [yúnquè]
„윈'취에 종달새

鸵鸟 [tuóniǎo]
„퉈„냐오 타조

企鹅 [qǐ'é]
„치,어 펭귄

鹤 [hè]
'허 학

疾病 [jíbìng] ˇ지'빙 질병

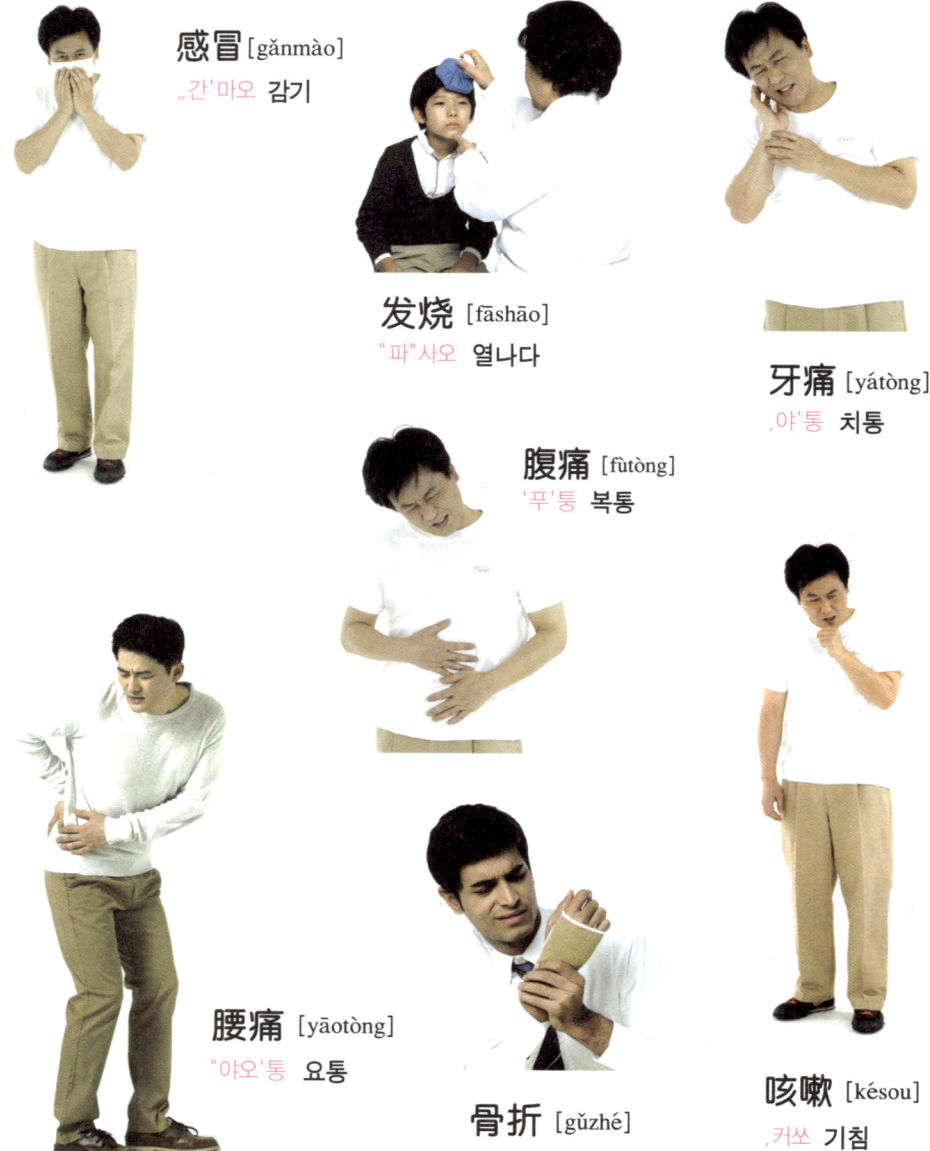

感冒 [gǎnmào] ˇ간'마오 감기

发烧 [fāshāo] "파"사오 열나다

牙痛 [yátòng] ˇ야'통 치통

腹痛 [fùtòng] "푸'퉁 복통

腰痛 [yāotòng] "야오'퉁 요통

骨折 [gǔzhé] ˇ구ˇ저 골절

咳嗽 [késou] ˇ커쏘 기침

颜色 [yánsè] 옌써 색

黑色 [hēisè] 헤이써 검정

白色 [báisè] 바이써 흰색

黄色 [huángsè] 황써 노란색

绿色 [lùsè] 뤼써 녹색

金色 [jīnsè] 진써 금색

红色 [hóngsè] 훙써 빨간색

天蓝色 [tiānlánsè] 텐,란써 하늘색

紫色 [zǐsè] 즈써 보라색

橙色 [chéngsè] 청써 주황색

蓝色 [lánsè] 란써 파란색

粉红色 [fěnhóngsè] 펀,훙써 핑크색

灰色 [huīsè] 훼이써 회색

Chapter 6

동사의 활용

叫 jiào '쟈오   ~을 부르다, ~라고 부르다, ~에게 ~하라고 하다

목적어를 두 개 취할 수 있다. 주의할 것은 목적어 두 개가 나란히 왔을 때 '~을 ~라 부르다'의 뜻 보다는 사역의 뜻인 '~에게 ~하라고 하다'의 뜻으로 해석되는 경우가 훨씬 더 많다는 것이다.

예) 叫他老师 '쟈오"타„라오"스   그를 선생님이라 부르다
    叫她 '쟈오"타   그녀를 부르다
    叫什么? '쟈오„선머   뭐라고 불러요?
    老师叫你过去 „라오"스'쟈오„니'궈'취   선생님이 너 오래

称呼 chēng hu "청후   ~를 부르다

목적어는 하나, '~라고'의 뜻은 다른 장치가 필요함

예) 您怎么称呼? „닌„전머"청후   제가 어떻게 불러요?
    怎么称呼您, 好呢? „전머"청후„닌, „하오너   어떻게 부를까요?

认识 rèn shi '런스   ~을 알다

'알다'에 해당되는 동사가 꽤 많다. 이 동사는 누군가, 글자, 길을 알 때 많이 쓰이는 동사이다.

예) 你认识我吗? „니'런스„워마   저를 아세요?
    认识字 '런스'쯔   글자를 알다
    认识路 '런스"루   길을 알다

吃 chī "츠   ~을 먹다

하나의 목적어를 취한다. 목적어는 주로 명사 혹은 명사절이다.

예) 吃饭 "츠'판   밥을 먹다
    吃东西 "츠"똥시   무언가를 먹다
    吃得很快 "츠더„헌'콰이   아주 빨리 먹다

学 xué ,쉬에   ~을 배우다

하나의 목적어. 목적어가 명사일 때는 그 대상에 대해 배우는 것이지만, 대상의 어떤 부분을 배우는 것이면 동사절을 써야 한다. 예를 들어 우리가 피아노를 배우는 것은 피아노 자체를 배우는 것이 아니라 피아노 치는 것을 배우는 것이니, 이때는 목적어를 동사절로 써야 하는 것이다.

예) 学汉语 ,쉬에',한,,위 중국어를 배우다
    学弹钢琴 ,쉬에,탄"깡,친 피아노를 배우다
    学说话 ,쉬에"쉬'화 말을 배우다

学习 xué xí ,쉬에,시   ~을 공부하다

学는 무엇인가를 배울 때 쓰는 말, 学习는 무엇을 공부할 때 쓰는 말이다. 예를 들어 학원에서 중국어를 배울 때는 学라 쓰고, 집에 와서 책을 보면서 하는 행위, 혹은 '요즘 나 중국어 공부해'의 뜻일 때는 学习라 한다. 목적어는 명사가 올 수도 있고, 동사절의 형태로 올 수도 있지만 거의 명사를 목적어로 취한다.

예) 学习英语 ,쉬에,시"잉,,위 영어를 공부하다
    学习他的精神 ,쉬에,시"타더"징,선 그의 정신을 배우다

说 shuō "쉬   ~라고 하다, ~을 말하다

뒤에 말한 내용이 나오거나, 사람이 오면 그것에 대해 얘기한다는 뜻이니 '혼을 내거나 험담을 하다'의 뜻도 생겨난다. 어떤 언어를 구사하다 라고 표현할 때 이 동사를 쓴다.

예) 我会说韩语 ,,워'훼이"쉬,한,,위 나는 한국어를 할 수 있다
    他说我 "타"쉬,,워 그 사람이 내 흉을 봤다
    妈妈说没事儿 "마마"쉬,메이'설 어머니가 괜찮다고 하셨다

见 jiàn '젠   ~을 만나다

예) 见朋友 '젠,펑요 친구를 만나다
    见到老师 '젠"다오,,라오"스 선생님을 만났다
    见过她 '젠궈"타 그녀를 본 적이 있다

211

来 lái ,라이   ~에 오다, ~을 하다

가장 기본적인 뜻은 '~에 오다'이지만 来는 중국 동사 중 가장 바쁜 동사이다. 상황에 따라 모든 동사를 대신할 수 있다. 문을 열어야 되는 상황에서 我来라면 내가 열겠다, 돈을 낼 때 我来하면 내가 돈을 내겠다. 식당에서는 '주세요'의 뜻으로 팔방미인 같은 동사다. '오다'의 뜻보다 훨씬 더 많이 쓰인다고 보면 된다.

예 来我家 ,라이,,워"쟈 우리집에 와
　　来这儿多长时间? ,라이'절"뚸,창,스"젠 여기 온지 얼마나 되었어요?
　　我自己来吧 ,,워'쯔,지,라이바 내가 직접 할게
　　来一瓶可乐 ,라이'이,핑,커'러 콜라 한 병 주세요

去 qù '취   ~에 가다

来와 함께 목적어가 '을, 를'로 해석되지 않는 몇 동사 중 하나이다. 뒤에는 주로 장소를 나타내는 목적어를 취한다. '가다'의 뜻일 때 주의할 점은 뒤에 있는 목적지는 내가 가는 목적지란 것이다.

예 去学校 '취,쉬에'샤오 학교에 가다
　　去朋友那儿 '취,펑요'날 친구에게 가다
　　去了多长时间了? '취러"뚸,창,스"젠러 간지 얼마나 됐어?

送 sòng '쏭   ~에게 ~을 보내다, ~를 ~에 데려다주다

'~주다'의 뜻이지만, 给와는 좀 다르다. 送은 누구에게 선물을 주거나 공짜로 줄 때 쓰이는 동사이고, 给는 주는 행위 자체를 강조하는 동사이기 때문이다. 그래서 送은 '서비스로 주다'의 뜻이 있다. 그 외에도 누군가를 어디에 데려다 주는 것도 送이 하는 역할이다.

예 送他一个礼物 '쏭"타,이거,,리'우 그에게 선물을 주다
　　送一个 '쏭,이거 서비스로 하나 주다
　　送他到机场 '쏭"타'지,,창 공항에 그를 데려다 주다

给 gěi ˬ게이   ~에게 ~을 주다

'~에게 주다, ~을 주다'를 쓰기도 하고, 조사로 쓰이면 '~에게'라고 쓰인다.

예) 给我一个 ˬ게이ˬ워ˬ이거 나 하나 주세요
    给老师 ˬ게이ˬ라오"스 선생님에게 주세요
    给他做饭 ˬ게이"타'쮀'판 그에게 밥을 해 주었다

还 huán ˬ환   ~에게 ~을 돌려주다

마찬가지로 두 개의 목적어를 취하는 대표적인 동사. 두 개의 목적어가 다 단독으로 올 수 있지만, '~에게'의 뜻만 올 때는 가끔 给를 써서 더 정확히 쓴다.

예) 还他这本书 ˬ환"타'저ˬ번"수 그에게 이 책을 돌려 주다
    还钱 ˬ환ˬ첸 돈을 돌려주다
    还给老师 ˬ환ˬ게이ˬ라오"스 선생님에게 돌려 주다

问 wèn '원   ~에게 ~을 물어 보다

두 개의 목적어가 동시에 오는 경우도 있지만, 问의 경우는 단독으로 오는 경우가 많다. 하지만 给를 쓰지 않는다.

예) 问老师一个问题 '원ˬ라오"스ˬ이거'원ˬ티 선생님께 질문을 하나 하다
    问她妈妈什么时候回来 '원"타"마마ˬ선머ˬ스'호ˬ훼이ˬ라이
    그녀에게 어머니가 언제 돌아오는지 물어보다
    问我吧 '원ˬ워바 나한테 물어 봐
    问一个问题 '원ˬ이거'원ˬ티 문제 하나 물어 보다

请 qǐng ˬ칭   ~에게 ~을 부탁하다, ~에게 ~을 요청하다

우리에게는 '~해 주세요'의 뜻으로 더 각인이 된 동사이다. 하지만 '부탁하다, 요청하다, 모시다'의 뜻으로도 폭넓게 쓰이며, 실제 회화에서 '~해 주세요'의 뜻으로 **请你**는 그리 많이 쓰이지 않고, **帮我**로 대체되어 쓰여진다.

예 **请他教我** 〔칭"타'쟈오,워〕 그에게 나를 가르쳐 달라고 하다
请中国老师教我中国语 〔칭"종,궈,라오"스'쟈오,워"종,궈,위〕
중국선생님에게 중국어를 가르쳐 달라고 하다

坐 zuò '쭤   ~에 앉다, ~을 타다

기본적인 뜻인 '앉다' 외에도 교통수단을 탈 때 쓰인다. 하지만 자전거처럼 직접 몰아야 할 때는 **坐**를 쓸 수 없다. '~에 앉다'의 뜻일 때 뒤에 **在**가 주로 온다.

예 **坐这儿** '쭤'절 여기에 앉다
坐在你的旁边 '쭤'자이,니더,팡"벤 너의 옆에 앉다
坐公交车 '쭤"꽁'쟈오"처 버스를 타다

玩 wán ,완   놀다, ~하며 놀다

목적어를 많이 취하는 동사가 아니지만, 가끔 컴퓨터를 하거나 게임을 하거나, 장난감을 갖고 놀 때 목적어를 취한다.

예 **我跟他玩** ,워"껀'타,완 그와 놀다
玩什么 ,완,선머 뭐하고 놀아?
玩电脑游戏 ,완'뎬"나오,요'시 컴퓨터 게임을 하고 놀다

是 shì '스   ~이다

독특한 동사이다. 하지만 간단하게 'A 是 B'는 'A는 B이다'라고 이해하면 되는 동사이기도 하다.

예 **我是韩国人** ,워'스,한,궈,런 나는 한국 사람이다
这个人是我 '저거,런'스,워 이 사람이 나야
好是好… ,하오'스,하오 좋긴 좋은데…

养 yǎng „양   ~을 기르다

사람이나 동물을 기르는 데 쓰이는 동사

예) 养小狗 „양„샤오„고 강아지를 키우다 / 养孩子 „양„하이즈 아이를 키우다

爱 ài ′아이   ~를 사랑하다, ~하는 것을 좋아하다

대상을 좋아하거나 사랑할 때 쓰이며, 어떠한 동작을 하는 것을 좋아할 때도 쓰인다. 한국인들이 주의할 것은 단순하게 대상에 대한 관심이나 사랑인지, 아니면 어떤 대상을 어떻게 하는 것에 대한 사랑인지 잘 구분해야 한다. 예를 들어 꽃을 좋아하는 것은 대상인 꽃을 좋아하는 것이지만, 중국차를 좋아하는 것은 차가 아닌 차 마시는 것에 대한 관심이기 때문이다. 그런 경우 **我爱茶**가 아니라 **我爱喝茶**라고 해야 한다.

예) 我爱你 „워′아이„니 사랑해
　　他不爱吃肉 "타„부′아이"츠′로 그는 고기를 좋아하지 않는다
　　她爱哭 "타′아이"쿠 그녀는 툭하면 운다

喝 hē "허   ~을 마시다

예) 你要喝什么? „니′야오"허„선머 뭐 드실래요?
　　喝得太多了 "허더′타이"둬러 너무 많이 마셨어요

要 yào ′야오   ~이 필요하다, ~ 해야 한다, ~에게 ~하라고 하다

굉장히 복잡해 보이는 동사이다. 영어의 조동사처럼 동사를 목적어로 취하기도 하고, 명사를 목적어로 취하기도 한다. 동사나 동사절을 목적어로 취할 때는 '~해야 한다' 혹은 '~하려고 한다'의 뜻으로 해석되고, 명사를 목적어로 취할 때는 '~이 필요하다' 혹은 '~주세요'의 뜻으로 쓰인다.

예) 我需要中国朋友 „워"쉬′야오"종„궈„펑요 나는 중국 친구가 필요하다
　　我要一瓶可乐 „워′야오′이„핑„커′러 콜라 한 병 주세요
　　我要买书 „워′야오„마이"수 전 책을 사야 해요
　　要下雨了 ′야오"샤„위러 비가 오려고 해요

有 yǒu „요   ~이 있다

목적어가 '~을, ~를'로 해석되지 않는 동사. 동사 중 유일하게 부정할 때 不를 쓰지 않고 没를 쓰는 동사이기도 하다. 그리고 절을 포함할 때는 '~할 ~이 있다/없다'의 뜻으로 쓰이며, 뒤에서부터 해석해 와야 한다. '有, 没有 + 명사 + 동사절'

- 我有中国朋友 „워„요"종„궈„펑요 중국친구가 있다
  我没有钱 „워„메이„요„첸 난 돈이 없다
  我没有钱买衣服 „워„메이„요„첸„마이"이푸 옷을 살 돈이 없다
  我有话要跟你说 „워„요'화'야오"껀„니"숴 너에게 할 말이 있어

谢谢 xiè xiè '셰셰   ~에게 ~을 감사하다

보통 목적어 두 개를 동시에 쓰는 경우는 회화에서 많지 않지만, 상대방에게 정중하게 감사를 표할 때 많이 쓴다. '~해 주셔서 고맙습니다'로 해석하면 된다.

- 谢谢你帮我 '셰셰„니"빵„워 도와줘서 고마워
  谢谢你昨天的忠告 '셰셰„니„줘"텐더"종'까오 어제의 충고 고마워

打 dǎ „따   ~을 하다, ~을 때리다

동사 중 자기의 색깔이 가장 약한 동사가 바로 이 동사이다. 원래의 뜻은 '때리다'이지만, 목적어가 무엇이냐에 따라 수없이 많은 동작으로 해석된다. 목적어가 字이면 타이핑하다, 水이면 물을 떠오다, 电话이면 전화를 걸다, 篮球이면 농구를 하다의 뜻으로 쓰인다.

- 打孩子 „따„하이즈 아이를 때리다
  打电话 „따'뎬'화 전화를 걸다
  打网球 „따„왕„쵸 테니스를 치다
  打水去 „따„쉐이'취 물을 뜨러 가다
  打听 „따"팅 물어 보다

接 jiē "제   ~을 받다, ~를 마중하다

전화나 공 등을 받을 때 쓰는 동사이며, '누구를 마중하다, 데리러 가다'의 뜻으로도 쓰이는 동사이다.

예) 接电话 "제'뎬'화 전화를 받다
    接孩子 "제ˌ하이즈 아이를 맞이하다
    去机场接朋友 '취"지„창"제ˌ펑요 공항에 친구를 데리러 가다

到 dào '따오   ~에 도착하다, ~에 가다

목적어는 주로 시간이나 장소를 나타내며, 개사(전치사)는 '~에' '~까지'의 뜻도 있으므로 번역할 때 헷갈릴 때가 있다. 하지만 어느 쪽으로 해석하든 뜻은 통하게 되어 있다.

예) 这个车到明洞吗? '저거"처'따오ˌ밍'동마 이 차 명동까지 가요?
    到肯德基吃饭 '따오ˌ컨ˌ더"지"츠'판 KFC에 가서 밥을 먹다
    什么时候到那儿? ˌ선머ˌ스호'따오'날 언제 거기에 도착해요?

忘 wàng '왕   ~을 잊어버리다

목적어는 명사보다는 동사나 동사절을 많이 취한다. 해석은 '~하는 것을 잊어버리다', 혹은 '잊어버리고 ~하지 않다'로 해석한다.

예) 忘了他的名字 '왕러"타더ˌ밍즈 그 사람 이름을 잊어버렸다
    忘拿了 '왕ˌ나러 잊어버리고 안 가져 왔다
    忘了告诉他了 '왕러"까오수"타러 잊어버리고 말을 안 했다

走 zǒu „조   ~을 걷다, ~에 가다

이 동사는 앞에서 배운 去와 자주 혼동되어 사용되는 동사이다. 둘 다 '가다'의 뜻이 있기 때문이다. 하지만 去는 목적어가 목적지를 나타내지만, 走는 목적어 없이 쓰이는 경우도 많으며 있더라도 '~거쳐서', '~으로'의 뜻으로 사용된다. 예를 들어 같이 어딘가 가기로 해서 '가자'의 뜻일 때는 去吧을 쓰고, 각자 따로 떠나는 행위를 하자 일 때는 走吧를 쓴다.

예 我每天走很多路 워 메이 톈 조 헌 뒤 루 나는 매일 많이 걷는다
    我们走高速 워먼 조 까오 수 우리 고속도로로 가자

放 fàng '팡' ~에 놓다(넣다) , ~을 놓다(넣다)

두 종류의 목적어를 취할 수 있지만, 이 두 목적어를 모두 放의 뒤에 놓을 수 없다. 그래서 두 목적어를 다 필요로 할 때는 '~을 넣다(놓다)'를 把구문을 이용해서 앞으로 빼고, 뒤에는 '~에' 해당하는 목적어에 주로 在를 붙여서 쓴다.

예 放糖 '팡 탕' 설탕을 넣다
    放冰箱 '팡 빙 샹' 냉장고에 넣다
    把水果放冰箱 바 쉐이 궈 팡 빙 샹 과일을 냉장고에 넣다
    把衣服放在衣柜里 바 이푸 팡 자이 이 궤이 리 옷을 옷장에 넣어라

休息 xiū xi "쑈시" 쉬다, ~(시간)동안 쉬다

목적어를 취하지 않는 동사이다. 하지만 목적어 자리에 시간을 나타내는 보어들이 와서 '~동안' 의 뜻을 만들어 낸다.

예 我想休息 워 샹 쑈시 쉬고 싶다
    休息三天 쑈시 싼 톈 삼일 동안 쉬다
    休息一会儿 쑈시 이 훨 잠깐 쉬다

上班 shàng bān '상 빤' 출근하다

목적어를 취하지 않는 동사이다. 왜냐하면 동사의 조합 자체가 '동사+목적어' 구조이며, 해석이 '~을 하다' 의 뜻이 있기 때문이다. 이런 동사들은 하나의 단어이지만, 상황에 따라 분리도 쉽다. 예를 들어 '출근을 한 적이 있다'를 위해서는 过가 필요한데 이 조사는 반드시 上过班 라고 씌어져야 한다. 이처럼 만들어질 때부터 '동사+목적어'의 형태를 띈 동사를 '이합동사'라 하며, 이는 붙고 떨어지는 것이 쉽기 때문이다. 자주 쓰이는 이합동사로는 结婚, 帮忙, 放假 등이 있다.

见面 jiàn miàn '젠'몐   만나다

대표적인 이합동사. '얼굴을 보다'의 조합이므로 목적어를 취할 수 없다. 앞에서 배운 '만나다'의 뜻을 지닌 见은 바로 뒤에 목적어를 취하고 '~을 만나다'의 뜻이 되지만, 이 동사는 **见面朋友**의 형태를 띨 수 없다. 방법은 개사를 이용하여 **跟朋友见面**라 만든다. 뜻에 따라 **见朋友面**라고도 쓴다.

예) 见过面 '젠궈'몐 만난 적이 있다
    跟朋友见面 "껀„펑요'젠'몐 친구를 만나다
    见了一次面 '젠러„이'츠'몐 한 번 만나 봤다

睡觉 shuì jiào '쉐이'쟈오   잠을 자다

마찬가지로 대표적인 이합동사이다. 睡는 '자다', 觉는 '잠'의 뜻으로 '잠을 자다'의 뜻을 만들어 낸다. 다음과 같은 용법으로 쓰인다.

예) 没睡过好觉 „메이'쉐이궈„하오'쟈오 잠을 제대로 못 잤다
    睡不着觉 '쉐이„부„쟈오'쟈오 잠이 안 온다

做 zuò '쭤   ~을 하다, ~을 만들다

복잡해 보이지만 '하다'와 '만들다'로 해석하면 별 어려움이 없다.

예) 做饭 '쭤'판 밥을 하다
    做运动 '쭤'윈'동 운동을 하다
    妈妈给我做衣服 "마마„게이„워'쭤'이푸 어머니가 옷을 만들어 주셨다

买 mǎi „마이   ~을 사다

'~을 사다'라고 해석하는데 아무 무리가 없는 동사이다.

예) 买衣服 „마이"이푸 옷을 사다
    买车 „마이"처 차를 사다
    给她买一本书 „게이"타„마이'이„번"수 그에게 책을 한 권 사주었다

介绍 jiè shào 〈'졔'사오〉 ~에게 ~을 소개하다

두 개의 목적어를 취하며, 두 목적어가 동시에 나타나는 경우보다 '~를 소개하다'가 단독으로 나타나는 경우가 더 많다. 단독으로 '~에게'가 올 때는 개사 **给**가 주로 온다.

예 给他介绍女朋友 〈게이"타'졔'사오,뉘,펑요〉 그에게 여자친구를 소개하다
   介绍我们学校 〈'졔'사오,워먼,쉬에'샤오〉 우리 학교를 소개하다
   给你们介绍 〈게이,니먼'졔'사오〉 너희들한테 소개해 줄게

写 xiě 〈셰〉 ~을 쓰다

'~을 쓰다'의 뜻이며, 가끔 뒤에 장소를 나타내는 在와 함께 쓰여 '~에 쓰다'로 해석되기도 한다.

예 请写一下你的名字 〈칭,셰,이'샤,니더,밍즈〉 당신 이름을 쓰세요
   写护照上的名字 〈셰,후'자오'샹더,밍즈〉 여권에 있는 이름을 쓰세요
   写在哪儿? 〈셰'짜이,날〉 어디에 써요?

帮 bāng 〈"빵〉 ~을 돕다

목적어는 단순한 명사보다는 동사절이 오는 경우가 많다. '~가 ~하는 것을 도와주다'로 해석된다. **帮我**~ 라고 쓰면 '~해주세요'의 뜻으로 가장 자주 쓰이는 표현이 된다.

예 帮了朋友 〈"빵러,펑요〉 친구를 도와주다
   帮妈妈买衣服 〈"빵"마마,마이"이푸〉 엄마가 옷 사는 것을 돕다
   帮我一下 〈"빵,워,이'샤〉 좀 도와 주세요
   帮我开一下门 〈"빵,워"카이,이'샤,먼〉 문 좀 열어 주세요

唱 chàng 〈'창〉 ~을 부르다

예 唱歌 〈'창"거〉 노래를 부르다
   唱得很好 〈'창더,헌,하오〉 노래를 잘 하다

祝 zhù '주 — ~가 ~할 것을 바라다

상대방에게 축하를 해주거나, 기원할 때 쓰이는 동사이다. 목적어는 '~가 ~하다'라는 뜻을 가진 동사절이다.

예
祝你身体健康 '주„니"선„티'젠"캉 건강하길 바라
祝你愉快 '주„니,위'콰이 즐겁게 보내
祝你生日快乐 '주„니"성'르'콰이'러 생일 축하해

羡慕 xiàn mù '셴"무 — ~를 부러워 하다

목적어는 명사가 올 수도 있고 동사절이 올 수도 있다. 동사절일 때는 '~가 ~해서 부럽다'로 해석한다.

예
我很羡慕她 „워„헌'셴"무"타 나는 그녀가 부럽다
我羡慕她有男朋友 „워'셴"무"타„요,난,펑요 그녀가 남자친구가 있어서 부럽다

煮 zhǔ „주 — ~을 끓이다, 삶다

예
煮水 „주„쉐이 물을 끓이다
煮鸡蛋 „주"지'단 계란을 삶다

用 yòng '용 — ~을 이용하다

하나의 목적어를 취하며, 문장 안에서 '用+ 목적어'가 단독으로 쓰이기 보다는 '~을 사용해서 ~하다'로 많이 쓰인다.

예
可以用你的吗? „커„이'용„니더마 네 거 써도 돼?
用筷子吃饭 '용'콰이즈"츠'판 젓가락으로 밥을 먹다

出来 chū lái "추ˏ라이   나오다

원래는 동사 出에 오다의 뜻인 来가 붙은 방향보어이다. 来, 去가 붙은 방향보어에서 주의할 것은 목적어를 来, 去의 앞에 둔다는 것이다. 하지만 이 단어의 특성상 목적어를 잘 취하지 않는다. '~에서 나오다'의 뜻일 때는 주로 개사 从을 쓴다. 추가로 외울 것은 동사와 방향보어의 사이에 得, 不를 넣으면 각각 '~할 수 있다'와 '~할 수 없다'로 해석된다는 것이다.

예 从房间出来 ˏ총ˏ팡"젠"추ˏ라이 방에서 나오다
    出得来 "추더ˏ라이 나올 수 있다
    出不来 "추부ˏ라이 나올 수 없다

想 xiǎng „샹   ~라고 생각하다, ~하고 싶다, ~을 그리워 하다

이 동사는 목적어의 형태를 눈여겨 볼 필요가 있다. 동사, 형용사, 혹은 동사절, 형용사절일 때는 '~라고 생각하다'와 '~하고 싶다'로 해석되고, 명사일 때는 '~를 보고 싶어 하다' 혹은 '~을 그리워 하다'라고 해석한다. 생각을 거쳐 나온 결론은 '~라고 생각하다'라 해석하고, 목적어로 동사가 바로 나오면 '~하고 싶다'의 뜻으로 해석한다.

예 我想是他打的电话 „워„샹'스"타„따더'뎬'화 내 생각엔 전화한 사람이 그 사람인 거 같다
    我想去中国 „워„샹'취"종ˏ궈 중국에 가고 싶다
    我想家 „워„샹"쟈 집이 그립다
    我想你 „워„샹ˏ니 보고 싶다

觉得 jué de ˏ쥐에더   ~라고 생각하다

개인적으로 어떤 것이 더 예쁘거나, ~하다고 생각할 때 한국 사람이 '~한 것 같아요'란 표현을 쓴다면, 중국 사람은 이 때 거의 觉得를 쓴다. '내 생각엔~', '네 생각엔~'이란 표현이며, 목적어는 명사가 아닌 동사나 형용사가 서술어인 절의 형태를 띈다.

예 我觉得这个更好 „워ˏ쥐에더'저거'껑„하오 난 이게 더 좋은 거 같아요
    你觉得怎么样? „니ˏ쥐에더ˏ전머'양 네 생각엔 어때?

签字 qiān zì "첸`쯔   사인을 하다

이 동사도 이합동사이다. '표시를 하다'의 뜻인 **签** 뒤에 글자 혹은 이름의 뜻을 지닌 **字**가 목적어 역할을 하므로, 뒤에 목적어를 지닐 수 없다. 하지만 了, 过, 一下 등을 쓸 때는 그 중간에 써야 한다.

예) 签一下字 "첸,이거`쯔 사인 좀 해주세요
　　 签过字 "첸궈`쯔 사인을 했었다

结婚 jié hūn ˌ제"훈   결혼하다

대표적인 이합동사이다. '맺다+혼약'의 뜻으로 목적어를 취할 수 없다.

예) 结过婚 ˌ제궈"훈 결혼했었다

知道 zhī dào "즈`다오   ~을 하다

상대나 대상의 존재를 알고 있거나 일어난 사건에 대해 알고 있을 때 쓰는 동사이다. 목적어로 명사가 올 수도 있고, 동사절이 올 수도 있다. 하지만 동사절이 목적어로 훨씬 더 자주 온다. 이럴 때는 '~인지를 알고 있다', 혹은 '~것을 알고 있다'라고 해석한다.

예) 我知道这本书 ˌ워"즈`다오`저ˌ번"수 이 책 알아요
　　 我知道他是谁 ˌ워"즈`다오"타`스ˌ세이 나는 그 사람이 누군지 안다
　　 我知道他会来 ˌ워"즈`다오"타`훼이ˌ라이 그 사람이 올 것을 알고 있었다

工作 gōng zuò "꽁`줘   일하다

목적어를 잘 취하지 않는 동사이다. 동사보다는 명사로 훨씬 많이 쓰이며, 서술어 역할을 하는 경우도 적다. 뒤에 목적어 보다는 보어가 훨씬 많이 온다.

예) 在北京工作 `짜이ˌ베이"징"꽁`줘 북경에서 일을 하고 있다
　　 工作多久了? "꽁`줘"둬ˌ쥬러 일을 얼마나 하셨어요?
　　 工作到凌晨 "꽁`줘`따오ˌ링ˌ천 새벽까지 일을 하다

在 zài 〝짜이 ~에 있다

목적어가 '~을, ~를'로 해석되지 않는 대표적인 동사이다. 목적어는 장소를 나타내는 명사가 와야 하며, 동사의 역할 외에도 개사(~에), 진행형조사(~하고 있다)로 많이 쓰이니, 매 문장에서 긴장을 늦추지 말고 전체 문맥의 흐름에 따라 해석을 해야 한다.

예 你在哪儿? 〝니'짜이〝날 너 어디에 있어?
    妈妈不在家 "마마〝부'짜이"쟈 어머니는 집에 안 계셔
    你在家做什么? 〝니'짜이"쟈"쭤〝선머 너 집에서 뭐 해?
    我在看电视 〝워'짜이'칸'뎬〝스 나 집에서 TV 봐

拐 guǎi 〝과이 꺾어지다, 꺾다

목적어를 취하지 않는 동사이다. 개사구문과 함께 많이 쓰인다.

예 往右拐 〝왕'요〝과이 오른쪽으로 꺾어지다
    向右拐 '샹'요〝과이 오른쪽으로 꺾어지다

喜欢 xǐ huan 〝시환 ~을 좋아하다

앞에서 배운 爱와 유사한 단어이다. 명사 혹은 동사절을 목적어로 취하며, 대상에 대한 좋아함인지, 대상에 대한 특정 행동에 대한 좋아함인지 잘 구분해야 한다. 그리고 심리 상태를 나타내는 동사를 '심리동사'라 부르며, 특이하게 형용사처럼 很의 수식을 받을 수 있다. 很도 마찬가지이다.이런 동사들로는 讨厌, 希望, 想, 羡慕, 怕 등이 있다.

예 喜欢朋友 〝시환〝펑요 친구들을 좋아한다
    喜欢跟朋友玩 〝시환"껀〝펑요〝완 친구들이랑 노는 걸 좋아한다
    喜欢车 〝시환"처 차를 좋아한다
    喜欢开车 〝시환"카이"처 운전하는 것을 좋아한다

习惯 xí guàn ˏ시'관 ~에 익숙해지다, ~이 습관이 되다

해석은 '~에 익숙해지다' 혹은 '~하는 것이 습관이 되다'로 해석하면 된다. 명사가 목적어일 때는 첫 번째로 해석된다.

예 **习惯这儿的生活** ˏ시'관'절더"성ˏ훠 이곳 생활이 익숙해졌다
　　习惯在这儿生活 ˏ시'관"짜이'절더"성ˏ훠 여기서 생활하는 것이 익숙해졌다
　　不习惯吃辣的 '부ˏ시'관"츠'라더 매운 것에 익숙해지지 않다
　　习惯这样做 ˏ시'관'저'양"쭤 이렇게 하는 것이 습관이 되었다

泡 pào 'ˏ파오 ~을 담그다, ~에 담그다

두 종류의 목적어를 취할 수 있으며, 같이 오는 경우는 거의 없다('~에'를 목적어로 보지 않는 사람도 있다) 만약 두 목적어를 같이 써야 한다면 '~을'에 해당하는 목적어를 **把** 구문으로 쓰거나 '~에' 해당하는 목적어는 **在**를 써서 동사 앞으로 내놓는 방법이 있다.

예 **泡脚** 'ˏ파오ˏˏ쟈오 발을 담그다
　　泡在水里 'ˏ파오'짜이ˏˏ쉐이ˏ리 물에 담그다

请客 qǐng kè ˏ칭'커 식사 초대를 하다

목적어를 이미 가지고 있는 이합동사이다. 그래서 뒤에 목적어를 더 취할 수 없고, '~를 식사에 초대하다'란 말이 하고 싶을 때는 그 사이에 대상을 넣거나, 그 사이에 '대상+**的**'를 넣는다.

예 **我想请客** ˏˏ워ˏ샹ˏ칭'커 내가 대접하고 싶다
　　我请他吃饭了 ˏˏ워ˏ칭"타"츠'판러 그 사람에게 식사 대접을 했다

点 diǎn ˏˏ뎬 ~을 시키다(고르다)

뜻이 굉장히 많은 단어이다. '점, 시, 점을 찍다, 불 등을 켜다, 고개를 끄덕이다, 조금, 시키다' 등의 뜻이 있다. 여기에서는 식당이나 노래방에서 많이 쓰이는 '시키다'의 뜻으로 배운다. 내가 원하는 곳에 체크를 하는 것처럼 그 곳에 점을 찍는다 하여, '시키다' 혹은 '고르다'의 뜻이 생겼다.

예) 我们一会儿再点菜 „워먼„이'훨'짜이„뎬'차이 조금 있다가 주문할게요
　　 点你喜欢的歌 „뎬„니„시환더"거 너가 좋아하는 노래로 시켜

花 huā "화　　~을 쓰다

명사로 '꽃'의 뜻이지만, 동사로 쓰이면 '쓰다'의 뜻이 된다.

예) 花钱 "화„첸 돈을 쓰다
　　 花时间 "화„스"젠 시간을 쓰다
　　 花功夫 "화"꽁푸 공을 들이다

办 bàn '빤　　~을 처리하다, ~을 만들다

일을 처리하거나 카드 등을 만들거나, 그를 위한 수속을 밟을 때 쓰는 동사이다. 회화에서 많이 쓰이는 단어로 목적어와 함께 외워둬야 한다.

예) 在银行办卡 '짜이„인„항'빤„카 은행에서 카드를 만들다
　　 办手续 '빤„소„쉬 수속을 밟다
　　 办护照 '빤"후'자오 여권을 만들다
　　 办事 '빤'스 일을 하다
　　 我来办吧 „워„라이'빤바 내가 처리할게

穿 chuān "추안　　~을 입다

'입다'란 뜻 외에도 '가로질러 가다'의 뜻이 있지만, 가장 사용빈도가 높은 것은 '입다'의 뜻이다.

예) 多穿点儿衣服 "뛰"추안„뎔"이푸 옷을 좀 많이 입으세요
　　 穿西服 "추안"씨„푸 양복을 입다
　　 穿袜子 "추안'와즈 양말을 신다
　　 乱穿马路 '루안"추안„마'루 무단횡단을 하다

小心 xiǎo xīn „샤오"신   ~을 조심하다

목적어는 명사나 절의 형태를 띤다. 명사일 때는 '~을 조심하다'의 뜻으로 해석하고, 동사절이 올 때는 '~하니 조심하시오' 혹은 '~지 않게 조심하세요'로 해석하면 된다.

- 예 小心这个人 „샤오"신'저거„런   이 사람을 조심하세요
  小心感冒 „샤오"신„간'마오   감기에 걸리지 않게 조심하세요
  小心地滑 „샤오"신'띠„화   바닥이 미끄러우니 조심하세요
  小心烫手 „샤오"신'탕„소   손을 데이지 않게 조심하세요

感冒 gǎn mào „간'마오   감기에 걸리다

목적어를 취하지 않는 동사이다.

- 예 昨天感冒了 „줘"텐„간'마오러   어제 감기에 걸렸다

找 zhǎo „자오   ~을 찾다

한국어의 '찾다' 용법과 거의 똑같다. 하지만 은행에서 '돈을 찾다'란 뜻은 중국어에는 없다. 어디에 전화를 했을 때 찾는 사람이 있으면 어려운 말 대신 **我找**~ 라고 하는 것이 가장 좋다. 식당에서도 친구가 미리 와 있을 때 **我找朋友** 라고 하는 것이 좋다. '~을 찾다' 외에도 '거슬러 주다, 거슬러 받다'의 뜻이 있다.

- 예 找一个人 „자오„이거„런   한 사람을 찾고 있다
  找东西 „자오"똥시   물건을 찾다
  找他有什么事 „자오"타„요„선머"스   그 사람을 무슨 일로 찾으세요
  给我找钱 „게이„워„자오„첸   저 돈 거슬러 주세요

下 xià '샤   ~에 내려가다(내리다), ~에서 내려가다(내리다), ~이 내리다

일반적으로 '내리다', '내려가다'의 뜻이 있다. 목적어의 뜻에 따라 '~에서, ~을, ~에' 취하는 경우는 '~이 내리다'로 해석을 한다. 그 외는 고정적으로 쓰이는 **下班**, **下课** 등이 있다

예) 下床 '샤ˌ추앙 침대에서 내려가다
下车 '샤"처 차에서 내리다
下地狱 '샤'띠'위 지옥에 떨어지다
下雨 '샤ˌ위 비가 내리다
下雪 '샤ˌ쉬에 눈이 내리다

过 guò '궈   ~을 건너다, ~을 지나가다, ~을 지내다, ~이 지나다

'지나가다'와 '지내다' 모두 자주 쓰이는 용법이다.

예) 过马路 '궈ˌ마'루 길을 건너다
过红绿灯 '궈ˌ홍'뤼"덩 신호등을 지나다
过春节 '궈"춘ˌ제 설을 지내다
过生日 '궈"성'르 생일을 지내다
过日子 '궈'르즈 생활을 하다
过期 '궈"치 기간이 지나다

等 děng ˌ덩   ~을 기다리다

사람이나 차, 시간 등을 기다릴 때 쓰는 동사이다. 목적어로는 명사 뿐 아니라 동사절도 쓰인다. 이 동사에서 중요한 것은 시간을 나타내는 보어와 목적어가 동시에 왔을 때이다. 이럴 때에는 명사가 사람일 때는 목적어+시간보어의 형태를, 목적어가 일반 명사일 때는 시간보어 + 목적어의 순서로 써 준다.

예) 等朋友 ˌ덩ˌ펑요 친구를 기다린다
等朋友等了一个小时 ˌ덩ˌ펑요ˌ덩러ˌ이거ˌ샤오ˌ스 한 시간 동안 친구를 기다렸다
等车 ˌ덩"처 차를 기다리다
等一个小时车 ˌ덩ˌ이거ˌ샤오ˌ스"처 한 시간 동안 차를 기다리다

告诉 gào su '까오수   ~에게 ~을 알려주다

두 개의 목적어를 아무 장치없이 쓸 수 있는 동사이다. 대상을 나타내는 목적어는 주로 사람, 사물을 나타내는 명사가 오고, '~을'에 해당하는 목적어는 명사 혹은 동사절의 형태로 온다.

예) **告诉我你的名字** '까오수 "워 ,니더 ,밍즈 네 이름 알려 줘
告诉她我是谁 '까오수 "타 ,워 "스 ,세이 내가 누군지 얘기 좀 해줘
不告诉你 ,부 '까오수 ,니 너한테 얘기 안 해 줘

能 néng ,넝   ~을 할 수 있다

영어의 조동사격인 중국어의 능원동사(**能愿动词**). 목적어는 동사절이나 형용사절이 오며, 명사는 올 수 없다.

예) **他能走路** "타 ,넝 "조 '루 그 사람은 걸어 다닐 수 있다
我不能去 "워 '부 ,넝 '취 나는 갈 수 없다

聊 liáo ,랴오   ~을 얘기하다

주제가 없는 한담 같은, 수다 같은 얘기를 나눌 때 쓰는 동사이다. 그래서 **聊天儿**이란 단어가 생긴 것이다. 이건 원래 날씨 얘기를 하는 것에서 생겨난 것으로, '수다를 떨다', '얘기를 나누다'의 뜻으로 쓰이고 있다.

예) **聊天儿** ,랴오 "탈 수다를 떨다
聊什么 ,랴오 ,선머 무슨 얘기 해?

迟到 chí dào ,츠 '다오   지각하다

목적어를 취하지 않는 동사이다.

예) **上学迟到了** '상 ,쉬에 ,츠 '다오러 학교에 지각했다
迟到的人 ,츠 '다오더 ,런 지각한 사람

拿 ná ,나   ~을 가지고 가다(오다)

손에 뭔가를 들고서 그것을 가지고 오거나 가지고 가는 것을 뜻한다. 그래서 **来**, **去**와 함께 잘 쓰이며, 혼자서도 잘 쓰인다. **来**, **去**가 없어도 뜻 자체에는 '오다, 가다'의 뜻은 있다.

예 可以拿这个吗? ˬ커ˬ이ˬ나'저거마 이거 가져가도 돼요?
　　拿号 ˬ나'하오 번호표를 뽑다
　　拿手机来 ˬ나ˬˬ소"지ˬ라이 핸드폰 갖고 오세요
　　忘拿了 '왕ˬ나러 잊어버리고 안 가져 왔다

开 kāi "카이　　~을 열다, ~을 켜다, ~이 끓다

온 동네방네 바쁜 동사이다. 이 동사는 뭔가가 시작이 되거나 작동이 될 때 다른 동사와 같이 하나의 동사를 새로 형성하거나, 목적어에 따라 여러가지 뜻으로 해석된다.

예 开门 "카이ˬ먼 문을 열다
　　开电脑 "카이'덴ˬ나오 컴퓨터를 켜다
　　开车 "카이"처 차를 운전하다
　　开灯 "카이"덩 등을 켜다
　　开机 "카이"지 전원을 켜다
　　水开了 ˬ쉐이"카이러 물이 끓다
　　花开了 "화"카이러 꽃이 피다

坏 huài '화이　　고장나다

원래는 형용사로 '나쁘다'의 뜻이다. 동사로 쓰이면 나빠졌으니, '고장나다'의 뜻으로도 쓰이게 되는 것이다. 일반적으로 목적어를 취하지 않는다.

예 电脑坏了 '덴ˬ나오'화이러 컴퓨터가 고장나다
　　这个门坏了 '저거ˬ먼'화이러 이 문 고장났어요 / 坏蛋 '화이'단 나쁜 놈

修 xiū "쑈　　~을 고치다

무엇이든 고치는 것이 바로 이 동사이다. 길을 닦는 것도, 차를 고치는 것도, 옷을 수선하는 것도.

예 修路 "쑈'루 길을 수리하다
　　修冰箱 "쑈"삥"샹 냉장고를 고치다
　　修车 "쑈"처 차를 수리하다

换 huàn 환   ~을 바꾸다, ~으로 바꾸다

두 개의 동사를 가질 수 있으나 아쉽게도 모두 다 동사의 뒤로 정렬할 수 없는 동사이다. 둘 중 하나만 쓰거나, 같이 써야 할 때는 '~을'에 해당하는 목적어가 把와 함께 동사의 앞으로 도치되고, '~으로'란 뜻을 만들기 위해 동사 뒤에 결과보어 成을 쓴다.

예 换衣服 '환"이푸 옷을 바꿔 입다
    把这个换成大一点儿的 바'저거'환.청'따'이.달더 이걸 좀 큰 걸로 바꿔 주세요
    把人民币换成美元 바.런.민'삐'환.청.메이.위엔 인민폐를 달러로 바꿔 주세요

取 qǔ 취   ~을 찾다, ~을 취하다

맡겨 놓은 것을 찾는 모든 행위는 이 동사를 쓸 수 있다. 주로 맡겨 놓다의 存했던 것을 取하는 것이다. 연결되는 동작이다.

예 在洗衣店取衣服 '짜이."씨"이'뎬.'취"이푸 세탁소에서 옷을 찾다
    在银行取钱 '짜이.인.항.취.첸 은행에서 돈을 찾다

行 xíng 싱   가능하다, 되다

목적어를 취하지 않는다. 항상 문장의 끝에 오며, 가장 자주 쓰이는 형태는 行不行이다.

예 明天, 行不行? 밍"톈.싱부.싱 내일 돼요?
    5块, 行吗? 우'콰이.싱마 5원에 돼요?

丢 diū 됴   ~을 잃어버리다

하나의 동사를 취한다.

예 钥匙丢了 '야오스"됴러 열쇠를 잃어버리다
    孩子丢了 하이즈"됴러 아이를 잃어버리다
    手机丢了 소"지"됴러 핸드폰을 잃어버리다

231

收拾 shōu shi "소스   ~을 정리하다

치우고 정리할 때 쓰는 동사이지만, 정돈하다의 뜻은 아니다. 정돈하다의 뜻은 **整理**를 쓰면 된다.

예) 这儿太乱，收拾一下 '절'타이'루안 "소스‚이'샤   너무 어지러우니까 치우세요
  收拾房间 "소스‚팡"젠 방을 치우다
  收拾厨房 "소스‚추‚팡 주방을 치우다

交 jiāo "쟈오   ~을 ~에게 건네다, ~를 사귀다

상대에게 무엇인가를 건네주는 행위이므로 두 개의 목적어를 쓸 수 있다. 하지만 '친구, 남자친구를 사귀다'의 뜻일 때는 하나의 목적어를 취한다.

예) 交作业 "쟈오'쮜'예   숙제를 내다
  把作业交给老师 „바'쮜'예"쟈오‚게이„라오"스   선생님에게 숙제를 내다
  先把钱交给我 '셴„바‚첸"쟈오‚게이„워   먼저 나한테 돈을 주세요
  交男朋友 "쟈오‚난‚펑요   남자친구를 사귀다
  交中国朋友 "쟈오"종‚궈‚펑요   중국친구를 사귀다

得 děi „데이   ~해야 한다

명사로 된 목적어를 취할 수 없고, 목적어는 반드시 동사절의 형태를 띄어야 한다. 이 동사는 부정형태가 없어 **不得**는 쓸 수 없다.

예) 我得去睡觉 „워„데이'취'쉐이'쟈오   가서 자야 해요
  我得走了 „워„데이‚조러   저 가야 해요
  你得先来 „니„데이"셴‚라이   네가 먼저 와 있어야 해

谈 tán ‚탄   ~에 대해 얘기하다, ~을 얘기하다

聊와는 달리 이 동사를 쓰는 경우는 할 말이 있을 때이다. 그래서 주제를 가지고 대화를 하는 경우, 즉 세미나, 토론회에 이 단어가 많이 쓰이는 것이다.

- 例 **跟我谈谈** "껀„워„탄‚탄 나랑 얘기 좀 해
  谈明天的事情 ‚탄„밍"텐더'스‚칭 내일 일에 대해 얘기하다
  谈中国 ‚탄"종‚궈 중국을 말하다(중국에 대해 얘기하다)

比 bǐ „비   ~을 비교하다

개사로는 '~보다'의 뜻이지만, 원래는 동사로 '비교하다'의 뜻이다. 명사면 '비교하다'의 뜻으로, 동사절일 때는 '~을 겨루다', '시합하다'의 뜻으로 쓰인다. 현재는 '비교하다'의 뜻은 근대에 쓰이기 시작한 **比较** 로 많이 대체되었다.

- 例 **比一下再买** „비„이'샤"짜이„마이 비교해 보고 사세요
  比力气 „비'리치 힘을 비교해 보다
  比谁吃得快 „비‚세이"츠더'콰이 누가 더 빨리 먹는지 시합하다
  比谁更快 „비‚세이'껑'콰이 누가 더 빠른지 겨루다

差 chà '차   ~가 모자라다

모자라거나 부족할 때, 혹은 무엇과 비교했을 때 차이가 날 때 쓰는 동사이다. 형용사로 쓰이면 '품질이나 수준이 많이 부족하다'의 뜻으로 쓰인다. 중국사람들이 좋아하는 말인 **差不多** 는 바로 '많은 차이가 나지 않는다'란 뜻이다.

- 例 **差很多** '차„헌"둬 차이가 아주 많이 난다
  就差一个 '죠'차„이'거 딱 하나 모자란다

容易 róng yì ‚롱'이   ~하기 쉽다

원래는 형용사이지만 동사절을 목적어로 취하며 '~하기 쉽다'의 뜻으로 쓰인다.

- 例 **白色容易脏** ‚바이'써‚롱'이'짱 흰색은 더러워지기 쉽다
  这个题很容易看错 '저거‚티„헌‚롱'이'칸'춰 이 문제는 잘못 보기 쉽다

生 shēng "성 ~을 낳다, ~이 생기다

주로 '낳다'의 뜻으로 쓰이며, 목적어에 따라 '~이 생기다'란 뜻도 있다.

예) 生孩子 "성,하이즈 아이를 낳다
生病了 "성'삥러 병이 생기다, 아프다
生锈了 "성'쑈러 녹이 슬다

出 chū "추 ~이 나다

혼자 쓰이는 경우는 없고 목적어와 来, 去에 따라 뜻이 조금씩 변화하기도 한다.

예) 出事故 "추'스'구 사고가 나다
出事了 "추'스러 일이 생기다
出错了 "추'춰러 잘못되다, 잘못이 생기다
这里出土豆 '저„리"추„투'도 이곳에 감자가 생산된다
出来了 "추.라이러 나왔다
出去了 "추'취러 나갔다

错 cuò '춰 잘못되다, 틀리다

목적어를 잘 쓰지 않고 주어가 틀렸음을 얘기할 때 쓰는 동사이다. 가장 많이 쓰이는 용법은 동사 바로 뒤에 쓰이는 결과보어 용법이다. '동사+'는 '잘못 ~하다'의 뜻이 된다.

예) 你的答案错了 „니더„따'안"춰러 네 답이 틀렸어
打错电话了 „따'춰'뎬"화러 전화를 잘못 걸었다
我说错了 „워"쉬'춰러 내가 말을 잘못 했다
吃错东西 "츠'춰"똥시 음식을 잘못 먹었다

撞 zhuàng '주앙 ~에 부딪히다, ~을 받다

두 종류의 동사를 가질 수 있지만, 동시에 취할 수는 없다. 그래서 목적어와 전체적인 상황에 따라 잘 판단해야 한다.

예 **朋友撞车了** ,펑요'주앙"처러 친구가 차에 부딪혔다
   车撞了人 "처'주앙러,런 차가 사람을 쳤다
   撞头了 '주앙,토러 머리를 부딪혔다
   撞门了 '주앙,먼러 문에 부딪혔다

联系 lián xì ,롄'씨   ~에게 연락하다

목적어는 주로 대상을 나타낸다. 하지만 이도 거의 **跟** 을 이용해서 동사의 앞으로 꺼내 쓰는 경우가 훨씬 더 많다.

예 **联系他** ,롄'씨"타 그에게 연락하다
   跟他联系 "껀"타,롄'씨 그 사람이랑 연락하다
   有事跟我联系 ,요'스"껀,워,롄'씨 무슨 일 있으면 저한테 연락하세요

洗 xǐ ,씨   ~을 씻다, 빨다

옷, 설거지, 손, 머리, 얼굴을 씻을 때나 빨 때 쓰이는 동사다. 가끔 '~에'에 해당하는 '**在**+장소'가 뒤에 올 때도 있다.

예 **洗衣服** ,씨"이푸 옷을 빨다(세탁하다)
   洗手 ,씨,소 손을 씻다
   洗头发 ,씨,토파 머리를 감다
   洗脸 ,씨,롄 얼굴을 닦다(세수하다)
   洗车 ,씨"처 차를 닦다(세차하다)

赢 yíng ,잉   ~을 이기다, ~을 따다

시합을 해서 이기거나, 대회에서 상을 받아 올 때 많이 쓰는 동사이며 목적어는 하나이다.

예 **我们赢了他们** ,워먼,잉러"타먼 우리가 그들을 이겼다
   赢了足球 ,잉러,주,쵸 축구에서 이겼다
   赢钱了 ,잉,첸러 돈을 땄다

吵架 chǎo jià "챠오'쟈   싸우다

이미 목적어를 취하고 있는 이합동사이다. 그래서 따로 목적어를 두지 않고, '~와'에 해당되는 개사 구문이 자주 온다. 입으로 싸우는 것을 말하며 몸으로 싸우는 것은 **打架**로 표현한다. 그래서 아이들 싸움은 **孩子打架**라 하고, 부부싸움은 **夫妻吵架** 라고 한다.

- 跟他吵架了 "껀"타,챠오'쟈러   그 사람이랑 싸웠다
  这么大了，还吵什么架！ '저머'따러 ,하이,챠오,선머'쟈   다 커서 싸우긴 뭘 싸워
  我们没吵过架 "워먼,메이,챠오궈'쟈   우리는 싸워본 적이 없다

发展 fā zhǎn "파,쟌   발전하다, ~을 발전시키다

'발전하다'의 뜻일 때는 목적어를 잘 쓰지 않고, '~을 발전시키다'일 때는 목적어를 많이 쓴다. 또 '成~'을 써서 '~으로 발전되다'란 표현도 가끔 쓰인다. 하지만 기본적으로 목적어를 잘 취하지 않는 동사이다.

- 发展中国家 "파,쟌"종,궈"쟈   발전 중인 국가(개발도상국)
  发展经济 "파,쟌"징'지   경제를 발전시키다
  恶化成癌症 '어'화,청,아이'정   암으로 발전되다

跑 pǎo   ,파오   뛰다, ~을 뛰다

주로 목적어를 취하지 않는 경우가 많다. 방향보어와 함께 장소를 나타내는 목적어를 취하는 경우도 있다.

- 继续跑 '지'쉬,파오   계속 뛰다
  跑步 ,파오'부   조깅을 하다
  跑进房间来了 ,파오'진,팡"젠,라이러   방으로 뛰어들어오다

带 dài   '따이   ~을 가지고 가다(오다), ~를 데리고 가다(오다)

사람이나 사물을, 데리고 가지고 오거나 혹은 가다의 뜻이다. 중요한 것은 몸에 지니고 있다는 것이며, 굳이 '오다, 가다'의 뜻인 来, 去를 쓰지 않아도 혼자서 그 역할을 할 수 있다. 주의할 것은 来, 去가 왔을 때 목적어는 반드시 来, 去 앞에 두어야 한다는 것이다. 뒤에 올 수도 있지만, 상황에 따라 안 되는 것도 있으니 안전하게 중간에 두는 것이다. 그래서 중국사람들도 무의식적으로 목적어는 무조건 来, 去 앞에 둔다.

예 带钱了吗? '따이˛첸러마 돈 가져 왔어?
带孩子去 '따이˛하이즈'취 애를 데리고 가다
带朋友来, 可以吗? '따이˛펑요˛라이 „커"이마 친구 데리고 와도 돼요?
带我的手机去 '따이˛워더˛소"지'취 핸드폰을 가지고 가다
带走 '따이„조 가지고 가다

记得 jì dé '지더   ~을 기억하다, ~라고 기억하다

명사형의 목적어도 가능하고, 동사절의 형태도 가능하다. 동사절이 목적어로 올 때는 '내가 기억하기로는~' 로 해석하는 것이 자연스럽다.

예 你记得我吗? „니'지더„워마 나 기억해요?
你记得他说什么了吗? „니'지더"타"쉬˛선머러마 그 사람이 뭐라 그랬는지 기억나?
我记得他今天去上海 „워'지더"타"진"텐"취'상„하이 내 기억으로는 그 사람 오늘 상해 갈텐데

会 huì '훼이   ~할 것이다, ~할 수 있다

대표적인 능원동사(영어의 조동사)이다. 목적어는 주로 동사절을 취하며 두 가지로 해석된다. 혹시 명사가 목적어로 올 때는 무조건 두 번째 뜻으로 해석한다. '할 수 있다' 의 뜻 일 때는 能 과 혼동되지 않게 주의해야 한다. 能 은 기본적으로 갖추고 있는 능력 안에서 할 수 있는지 없는지를 묻는 것이고, 会는 배워서 할 수 있는 것, 예를 들어 외국어, 피아노, 수영, 요리 등을 할 수 있는 것을 얘기한다.

예 明天会下雨 „밍"텐'훼이'샤„위 내일 비가 올 것이다
他一定会来的 "타˛이'딩'훼이˛라이더 그 사람은 꼭 올 것이다
你会说英语吗? „니'훼이"쉬"잉„위마 영어 할 줄 아세요?
你会这个吗 „니'훼이'저거마 이거 할 줄 아세요?

减肥 jiǎn féi „젠˛페이   살을 빼다

목적어를 이미 가지고 있는 이합동사이다. 그러므로 목적어를 더 이상 갖지 않는다.

예 我要减肥 „워'야오„젠˛페이 살을 좀 빼야겠어

237

锻炼 duàn liàn '뚜안'롄   운동을 하다, ~을 단련시키다

运动과 비교하자면, 이 동사는 일반적으로 말하는 운동이고, 运动은 스포츠 종목을 즐기는 것을 얘기한다. 그래서 '무슨 운동 좋아하세요?'라고 물을 때는 运动을 쓰고, '매일 아침에 운동을 한다'일 때는 锻炼를 써야 한다.

예
- 每天锻炼 „메이"텐'뚜안'롄   매일 운동을 한다
- 锻炼身体 '뚜안'롄"선„티   몸을 단련시키다(운동을 하다)
- 锻炼肌肉 '뚜안'롄"지'로   근육을 단련시키다(근육 운동을 하다)

笑 xiào '샤오   웃다, ~을 웃기다, ~을 보고 웃다

원래의 뜻은 '웃다'이지만, 목적어를 취하고 나면 '~를 웃기다'의 뜻이 된다.

예
- 你笑一下 „니'샤오„이'샤   웃어 보세요
- 笑脸 '샤오„롄   웃는 얼굴
- 笑死我了 '샤오„쓰„워러   웃겨 죽겠다
- 他们会笑我的 "타먼'훼이'샤오„워더   그 사람들이 날보고 웃을 거야
- 你笑什么? „니'샤오„선머   뭘 웃어?

上 shàng '상   ~에 가다, ~에 올라가다, ~을 타다(교통수단)

목적어가 일반 명사일 때는 '올라가다, 가다'의 뜻이 많고, 목적어가 교통수단을 나타낼 때는 '타다'의 뜻으로 해석한다. 주로 방향보어 来, 去와 같이 '올라 가다, 올라 오다'의 뜻으로 많이 쓰인다.

예
- 我要上厕所 „워'야오'상„처„쉬   나 화장실 갔다 올게
- 上山 '상"산   산에 오르다
- 上车 '상"처   차를 타다
- 上去 '상'취   올라가다
- 上来 '상„라이   올라오다

懂 dǒng 동 ~을 알다, ~을 이해하다

'알다'의 뜻으로는 앞에서 배운 **知道**가 있는데, 어떤 사실을 알고 있다에 많이 쓰이는 것이고, 이 동사를 대상에 대해 이해하거나 잘 알고 있다는 뜻을 갖고 있다. 그래서 '너희가 재즈를 아느냐'를 번역하려면 **知道**가 아닌 **懂**을 써야 한다. 목적어는 명사 형태도 가능하고 동사절의 형태도 가능하다.

예) 我不懂爱情 워부동아이칭 사랑을 모르다
你懂什么叫幸福吗? 니동선머쟈오싱푸마 행복이 뭔지 아느냐?
我不懂怎么去做 워부동전머취쭤 어떻게 해야 하는지 모르겠다
听不懂 팅부동 못 알아 듣겠다

明白 míng bai 밍바이 ~을 확실히 이해하다

상대가 한 말이나 원리 같은 것을 완전히 이해했을 때 쓰는 말이다. 그래서 내가 한 말을 저 사람이 완전히 이해했는지 물어 볼 때 **你明白了吗**라고 묻는다. 목적어는 명사도 가능하고 동사절도 가능하다.

예) 你明白我的意思吗? 니밍바이워더이쓰마 내 말 뜻 이해했어요?
不明白他说什么 부밍바이타쉬선머 저 사람이 뭐라는지 이해가 안 된다

进 jìn 진 ~에 들어가다, ~로 들어가다

혼자서도 '들어가다'의 뜻을 갖지만, 이 동사는 혼자보다는 방향보어 **来**, **去**와 훨씬 더 친하다. 주의할 것은 '~에' 해당되는 장소를 나타내는 목적어는 반드시 **来**, **去** 앞에 두어야 한다는 것이다.

예) 进屋里 진우리 방에 들어가다
进门右拐 진먼요과이 문으로 들어가서 오른쪽으로 꺾으세요
进屋里来 진우리라이 방으로 들어오세요
进学校去了 진쉬에샤오취러 학교로 들어갔다

踢 tī 티 ~을 차다

발로 찰 수 있는 모든 것은 목적어로 올 수 있다. 목적어는 주로 명사의 형태를 띈다.

예) 踢球 "티,쵸 공을 차다
    踢足球 "티,주,쵸 축구를 하다
    踢毽子 "티'젠즈 제기를 차다

遇 yù '위   ~을 우연히 만나다

'만나다' 란 말이 여러 가지 있는데, 이 동사는 우연히 누군가를 만나거나 맞닥뜨릴 때 쓰는 동사이다. 주로 결과보어인 到 와 함께 쓰이며 가끔 비슷한 뜻의 결과보어인 见 도 쓴다.

예) 在路上遇到老师 '짜이'루'상'위'다오,,라오"스 길에서 선생님을 우연히 만났다
    遇到了很多困难 '위,다오러,,헌'뒤'쿤,난 아주 많은 어려움과 맞닥뜨렸다
    没有遇到过这种情况 ,메이,요'위,다오'궈'저,,종,칭'쾅 이런 상황을 겪은 적이 없다

站 zhàn '잔   ~에 서다, ~에 서 있다

우리나라의 '팜' 과도 비슷하게 생긴 이 글자는 동사일 때는 '서다' 의 뜻으로, 쓰이고 명사일 때는 '역' 으로 쓰이는 활용도가 높은 동사이다. 주로 '서다' 의 뜻 일 때 결과보어 住 와 자주 쓰인다. 그리고 대부분 목적어를 바로 취하는 것 보다는 在 를 써서 개사구문을 만들고, 站 의 뒤에 개사구문을 쓴다.

예) 站住 '잔'주 게 섰거라!
    站不住 '잔부'주 똑바로 서 있을 수 없다
    我站在你们这边 ,,워'잔'자이,,니먼'저"볜 난 너희들 편이야
    站在桥上看河 '잔'자이,차오'상'칸,허 다리 위에 서서 강을 바라 보다

忍 rěn ,,런   ~을 참다

목적어는 주로 형용사나 동사가 온다.

예) 忍一下 ,,런,이'샤 좀 참으세요
    忍痛 ,,런'통 아픈 것을 참다
    没忍住笑 ,메이,,런'주'샤오 웃음을 참지 못했다

抓 zhuā "주아 ~을 잡다

뒤에 있는 것은 손톱을 나타내는 글자에 손이 있으니 손으로 무언가를 잡는 행위이다. 목적어는 주로 명사가 오며, 결과보어 住와 함께 쓰여 '꽉 잡다'의 뜻을 만들어 내기도 한다.

예 抓住妈妈的手 "주아'주"마마더„소 엄마의 손을 꽉 잡다
警察抓住了小偷 „징„차"주아'주러„샤오"토 경찰이 도둑을 잡다

可以 kě yǐ „커„이 ~할 수 있다, ~해도 된다

허락을 받거나 상대방에서 조심스럽게 의견을 물어 볼 때 쓰는 말이다. 能과 비슷하지만 상대의 의견을 구하거나 허락을 받는 역할은 이 동사만이 할 수 있다. 하지만 不可以는 '~하면 안 된다'의 뜻이 강하다. 그래서 '~할 수 없다'일 때는 不能을 더 많이 쓴다. 목적어는 동사절, 형용사절의 형태를 띈다.

예 我可以看看吗 „워„커„이'칸칸마 봐도 돼요?
这儿可以上网 '절„커„이'상„왕 여기서 인터넷 접속이 가능합니다
这儿不可以进来 '절'부„커„이'진„라이 여기 들어오시면 안 돼요

住 zhù '주 ~에 살다

목적어는 장소를 나타내는 명사가 주로 온다. 원래는 목적어가 아닌 개사구문이 와야 하나 지금은 목적어의 형태로 많이 쓰여 개사없이 목적어로 쓰이기도 한다.

예 你住哪儿? „니'주„날 너 어디에 살아?
你住在哪儿? „니'주'자이„날 너 어디에 살아?
我在美国住过 „워'짜이„메이'궈'주궈 나 미국에서 산 적 있어

期待 qī dài "치'다이 ~을 기대하다

목적어로 명사가 와도 되고, 동사절이 와도 된다. 명사일 때는 '~을 기대하다', 혹은 '~이 기대된다'라고 해석되고, 동사절 일 때는 '~할 것이라 기대하다', 혹은 '~할 것이 기대된다'라고 해석한다.

예 我很期待那天 „워„헌"치'다이'나"텐 그날이 기다려진다
他们都期待明天的比赛会赢
„워먼"도"치'다이,밍'텐더,비'싸이'훼이,잉 그들은 내일 대회에서 이길 것을 기대하고 있다
我们都很期待他的成功 „워먼"도,헌"치'다이"타더,청"공 우리는 그의 성공을 기대하고 있다

推荐 tuī jiàn "퉤이'젠 ~을 추천하다, ~기를 추천하다, ~을 ~으로 추천하다

목적어는 명사 혹은 동사절이 온다. 목적어를 두 개 취할 수도 있다. 이럴 때는 '~을 ~으로 추천하다'로 해석한다.

예 你给我推荐一下最好吃的 „니„게이„워"퉤이'젠,이'샤'췌이„하오"츠더
저한테 제일 맛있는 걸로 추천해 주세요
我不推荐你去那儿 „워'부"퉤이'젠„니'취'날 네가 거기 가는 거 추천하지 않아
我推荐你做他的老师 „워"퉤이'젠„니'쮜"타더„라오"스 내가 너를 그 사람의 선생님으로 추천했어

饿 è '어 굶다

원래는 형용사로서 '배가 고프다'의 뜻이나 가끔은 목적어를 취하면서 동사처럼 쓰일 때도 있다. 중국어에서 형용사는 굉장히 자유로워서 동사로 쓰이는 경우가 아주 많다. 예를 들어 뒤에 시간을 나타내는 시간보어를 쓰면 뜻이 '고프다'에서 '굶다'로 바뀌는 것이다. 다른 형용사도 마찬가지이다.

예 饿肚子了 '어'두즈러 배를 굶었다
饿了三天了 '어러"싼"톈러 삼일 동안 굶었다
俄不饿? '어'부'어 배고파?

回 huí ‚훼이 ~을 돌리다, ~에 돌아오다(가다)

주로 돌아오다(가다)의 뜻이고, 주로 방향보어 来, 去가 뒤에 온다. 목적어는 '~에'라고 해석되므로 장소를 나타내는 명사가 주로 온다. 그리고 목적어는 반드시 来, 去 앞에 쓰도록 한다. 回는 원래 있던 곳으로 돌아가다라는 뜻으로, 중국 사람들이 한국에 가는 것은 去韩国라고 하지만, 한국 사람이 외국에 있다가 한국에 다시 가는 것은 回韩国라고 하고, 집에 갈 때도 去家란 말은 쓰지 않고 回家란 말을 쓴다.

예) **回头** ,훼이,토 머리를 돌리다, 고개를 돌리다
　　回家 ,훼이"쟈 집에 가다
　　回饭店去 ,훼이'판'뎬'취 호텔로 돌아가다

刷 shuā "수아   ~을 솔로 닦다, (카드 등) ~을 긁다

솔을 이용해 닦거나 칠하는 모든 행위이다. 刷 자체가 명사일 때는 '솔'의 뜻이기 때문이다. 예를 들어 牙刷 는 '칫솔'이란 뜻이고, 刷牙 는 '양치를 하다'의 뜻이다. 현대에 와서는 '카드로 계산하다'의 뜻으로 많이 쓰인다.

예) **刷漆** "수아"치 색을 칠하다
　　刷墙 "수아,챵 벽에 페인트 칠을 하다
　　刷卡 "수아„카 카드를 긁다

取消 qǔ xiāo „취"샤오   ~을 취소하다

목적어로는 주로 명사가 오며, 동사절이 올 수도 있다. 주로 명사절이 목적어 역할을 한다.

예) **取消明天的会** „취"샤오,밍"텐더'훼이 내일 회의를 취소하다
　　取消刚才说的话 „취"샤오'깡,차이"쉬더'화 금방 한 말을 취소하다
　　取消预订 „취"샤오'위'딩 예약을 취소하다
　　取消做按摩 „취"샤오'쮜'안,모어 안마 받기로 한 것을 취소하다

※ 책을 출간하길 원하시는 분은 도서출판 예가로 문의바랍니다. (02-2633-5462)
  성심성의껏 제작해드립니다.

학원 가지 않고 혼자 배우는
독학 중국어회화 첫걸음

1판 2쇄 발행 | 2018년 10월 5일

엮은이 | 오찬미 **한글발음·성조** | 윤원대 **펴낸이** | 윤다시 **펴낸곳** | 도서출판 예가
주소 | 서울시 영등포구 영신로 45길 2 **전화** | 02-2633-5462 **팩스** | 02-2633-5463
이메일 | yegabook@hanmail.net **블로그** | http://blog.daum.net/yegabook
등록번호 | 제 8-216호

ISBN | 978-89-7567-598-0   13720

※ 잘못된 책은 바꿔드립니다.
※ 인지는 저자와의 합의하에 생략합니다.
※ 가격은 표지 뒷면에 있습니다.